주식투자 주린이 기본공부
주식 교과서
1편 기초 입문

브라보스탁 대표
배 현 철

배 현 철

- 우리투자증권 지점장
- 동부증권 지점장
- 증권업협회 전임 강사
- 한국경제TV 방송
- 머니투데이 TV 방송
- 매일경제 TV 방송
- 이데일리 TV 방송
- 서울경제 TV 방송
- 브라보스탁 대표

다음카페 "배현철"을 입력하세요
http://www.bravostock.com

저자와의
협약으로
인지생략

주식 교과서
2021년 8월 5일 2쇄 인쇄
2021년 7월 1일 초판 발행

지은이   배 현 철
펴낸이   김 원 태
펴낸곳   가 람 문 화 사
         08838 서울시 관악구 신림로 130, 2층(신림동)
         대표전화 02)873-2362   팩스 02)888-9824
         등록 1999년 4월 6일 제15-401호

ISBN 978-89-92435-61-1 93320

정가 15,000원

잘못된 책은 구입처에서 교환하여 드립니다.

···목차

프롤로그   6

1장 주식시장 기초

   1. 주식이란 무엇인가?   11
   2. 주주의 권리는 어떤 것이 있는가?   12
   3. 주식의 종류   13
   4. 주식시장 구분   14
   5. 종합지수   15
   6. 주식시장에서 구별하는 주식 종류   16

2장 증권시장 유관기관

   1. 증권회사   21
   2. 증권거래소   21
   3. 한국예탁결제원   22
   4. 증권금융회사   22
   5. 한국증권업협회   22
   6. 금융감독원   22
   7. 금융위원회   23

3장 주식매매

   1. 증권시장 용어   27
   2. 증권계좌 개설   53

4장 주식매매는 심리게임이다

   1. 기본기 공부는 왜 해야 하는가?   57

2. 수익은 시간에 비례	58
3. 주식투자는 심리전	59
4. 주식시장의 불합리성	60
5. 주식시장의 매력	64
6. 주식투자로 돈을 벌 수 있는 사람	65
7. 주식투자 10계명	66

5장 HTS 활용법

1. 종합환경 설정	70
2. 주식주문 설정	70
3. 계좌 잔고	71
4. 주식	72
5. 차트검색	73
6. 시황센터	73
7. 사이버(온라인)상담	74
8. 관심종목 등록	75
9. 모니터 화면구성	75

6장 기술적 분석

1. 기술적 분석의 기본과정	80
1-1. 기술적 분석의 개념	80
1-2. 주가는 상당히 장기간 유지되는 동향에 따라 움직이려고 한다.	81
1-3. 추세의 변동은 수요와 공급의 변동 때문에 일어난다.	81
1-4. 수요와 공급의 변동이 발생하는 이유는 시장의 도표에 나타난다.	82
1-5. 도표의 패턴은 반복되는 경향이 있다.	82
1-6. 도표는 해석하는 사람에 따라 다를 수 있습니다.	83
1-7. 캔들 차트 종류는?	83
1-8. 이동평균선	84

목차

2. 캔들 차트와 시장 이해	85
2-1. 캔들 차트	85
2-2. 캔들 차트의 이해	85
3. 캔들 차트 해석	92
4. 추세선 이해	98
4-1. 추세선 그리기	101
4-2. 추세의 연속성	101
4-3. 추세변화(변곡점)	102
5. 지지선과 저항선	103
6. 이동평균선 매매	106
7. 보조지표	111
7-1. MACD	111
7-2. 볼린 저 밴드	114
7-3. 엘리엇 파동	116

7장 기본적 분석

1. 주가에 영향을 주는 재료	121
1-1. 성장성 재료	121
1-2. 재무 건전성	124
1-3. 계열사 지분구조	126
1-4. 경영자의 능력	127
1-5. 생산제품에 따른 소비자들의 반응	128
1-6. 기술 수준과 기술개발 투자 정도	128
1-7. 분식회계	129
1-8. 주주 우대 정책	130
1-9. EPS	131
1-10. PER	131
1-11. PBR	132
1-12. ROE	133

1-13. 증권회사 리서치 보고서	134
2. 투자 원칙	134
2-1. 주식 매수는 기업의 주주가 되는 것이다.	134
2-2. 1등 기업에 투자하라.	134
2-3. 공시를 확인해라.	135
2-4. 주식가격은 생활 속에 있다.	135
2-5. 분산투자로 위험관리가 중요하다.	135
2-6. 자기 돈으로 투자하라.	136
2-7. 시간을 이겨라.	136
2-8. 주식매매는 예측이 아니고 대응이다.	137
2-9. 시대의 변화를 따라가라.	137
3. 재료분석과 이해	137
3-1. 종목별 뉴스 선별 방법	137
3-2. 호재, 악재 선별 이해 방법	141
3-3. 유상증자 이해	146

8장 실전 매매 기법

1. 기술적 분석의 모순	153
2. 이동평균선 매매 기법	156
3. 거래량 이용 매매	162
4. 급등 갭 급락 갭 이용 방법	163
5. 독자적인 매매 기준 정립	164
6. 상승 종목에 편승하라.	165

9장 단기 매매 기법

1. 단기 매매 종목 선정 기준	170
2. 장중 매매의 원칙	174
3. 단기 매매 실전	180

···목차

4. 시간대별 대응   187
5. 마감 후 일상관리   192

10장 주식선물(先物) 시장 이해

1. 주식시장 선물거래 개요   198
2. 선물거래의 경제적 기능   199
3. 베이시스 개념   200
4. 프로그램 매매   201
5. 선물, 옵션시장 위험   201

11장 실전 매매 응용

1. 주식은 정해진 공식이 없다.   205
2. 주식매수 청구권 대응   214
3. 차트가 대세는 아닙니다.   215
4. 급등 테마 세력 주 매매는   218
5. 제약 바이오 업종 주가는   220
6. 주가는 실적을 바탕으로 상승하지만   223
7. 소문에 사서 뉴스에 팔아라.   225
8. 재료는 나중에 나온다.   228
9. 유상증자   232
10. 주식매매는 공포를 매수하는 것 입니다.   237

맺음말   240

■ 주식이 무엇인지도 모르고 돈을 벌겠다는 생각 하나만으로 겁 없이 증권회사에 들어와서 저승사자보다 무서운 IMF 시대를 만나면서 돈 때문에 목숨을 끊은 사람들과 나 자신도 죽음으로 돈 없는 고통에서 벗어나고 싶다는 충동으로 살았던 시절이 있었습니다.

■ 이대로 죽을 수 없다는 결심으로 우리나라에서 주식으로 성공한 스승님을 찾아다니면서 주식 공부를 했고 그동안 내가 너무 무식하고 용감했다는 깨우침으로 끝없는 반성으로 잠 못 이루면서 흘렸던 눈물이 수익으로 돌아왔을 때 나는 다시 태어났습니다.

■ 인터넷 발달과 증권방송 케이블 TV에서 알려주는 내용을 엄청난 정보라고 생각하면서 주가 상승 시점에서 추격 매수하고, 주가 하락하는 시점에서 대책 없이 바라보면서 한숨을 쉬고 있는 개인투자자들에게 지금이라도 주식시장 시스템을 이해하고 잘못된 매매를 고쳐나가면서 10년 후에는 모두가 주식으로 부자 되는 소망으로 이 책을 쓰게 되었습니다.

■ 여러분 귀에 들리는 수많은 정보는 주식매매로 수익을 얻을 수 있는 좋은 정보가 아니고 지나간 쓰레기입니다. 남들이 다 해 먹고 버리고 간 쓰레기를 쓸어 담고 있으면서 막연한 꿈을 꾸는 개인투자자들은 지금부터라도 주식 공부로 새롭게 태어나세요.

■ 잘못된 매매를 고쳐나가면서 주식매매 손실을 만회할 수는 있지만, 주식매매는 자신하고 시간하고 싸움입니다. 조급하게 대~박 종목 찾아다니지 말고 차곡차곡 수익을 쌓아가는 기쁨을 함께하시기 바랍니다.

… 프롤로그

■ 이 책은 주식을 처음 시작하는 주린이(주식 어린이)부터, 주식시장에 오래 있었지만 주식 공부를 하지 않은 개인투자자들이 기본적으로 알아야 하는 내용을 중심으로 구성하였습니다.

■ 이 책은 주식 매매하는 개인투자자들이 꼭 알아야 하는 내용으로 〈주식 교과서〉입니다.

■ 주식은 재료와 수급으로 움직이는데 〈주식 교과서-1편 기초 입문〉에서는 재료 공부하시고 〈주식 교과서-2편 기술적 분석〉에서는 차트 보기 수급을 공부합니다.

■ 〈주식 교과서〉로 주식 공부를 하면서 내가 그동안 얼마나 어리석고 무모한 매매를 했는지 차츰 알게 되면서 두 번 다시 잘못된 매매로 가슴 앓이 하지 않기를 바랍니다.

■ 세상에 공짜 없습니다.
목숨보다 소중한 내 재산 내가 지키고 주식 공부해서 주식으로 행복한 노후를 준비하면서 브라보!! 하세요.

■ 증권 회사 지점장을 하면서 얻은 매매 경험과 20년 이상 증권방송에서 시청자들과 상담을 하면서 획득한 KNOW-HOW를 주식을 이제 시작하는 사람이나, 주식으로 많은 재산을 잃고 가슴 아파하는 투자자들에게 바칩니다.

■ 주식으로 부자 돼서 브라보!! 하는 꿈을 꾸세요.

　　　　브라보스탁(www.bravostock.com) 대표 개미 아빠 **배 현 철**

1장
주식시장 기초

1. 주식이란 무엇인가?

회사를 경영하려면 자본이 필요한데 사람들에게 주식을 팔아서 그 돈으로 회사를 설립하고 경영하는 회사를 주식회사라고 하고, 주식은 주식회사에서 만들어 파는 증서이고, 주식을 가지고 있는 사람을 주식의 주인이라는 뜻으로 주주라고 합니다.

주주는 자신이 보유하고 있는 만큼 그 회사의 주인이 되는 것입니다. 주식회사가 경영을 잘해서 주식가격이 상승하면, 주식을 보유하고 있는 주주는 그만큼 이익을 얻을 수 있고, 반대로 회사가 잘못되어서 주식가격이 하락하면, 주주는 그만큼 손해를 보게 됩니다.

따라서 어떤 회사 주식을 매수하고 보유할 것인가는 신중하게 결정해야 합니다.

주식을 발행하고 사고파는 것은 아무 회사나 할 수 있는 것이 아니고 회사가 일정한 자격을 갖추고 있어야 합니다.

주식의 종류에는 주주 권리에서 서로 다른 취급을 받는 보통주, 우선주, 후배주, 혼합주와 특별한 내용이 있는 상환주식, 전환주식, 의결권 없는 주식이 있습니다.

이익 이자의 배당, 잔여재산 배분의 표준이 되는 주식을 보통주라 하고, 보통주보다 유리한 권리가 부여된 주식이 우선주이고 반대로 불리한 조건이 있는 주식을 후배주라고 합니다.

자세한 내용은 〈주식시장 기초 편〉에서 공부합니다.

2. 주주의 권리는 어떤 것이 있는가?

1) 배당을 받는다.

회사는 이익 범위에서 주주에게 이익을 배분하게 되는데 이익배분에 참여할 수 있는 권리가 배당권입니다. 일반적으로 배당은 주주가 보유하고 있는 주식 수에 따라 지급하는 주주 평등 원칙을 지키고 있습니다.

배당시기는 통상 영업연도 말을 기준으로 하는데, 회사에 따라서는 분기 배당, 반기 배당(중간 배당)을 하는 경우도 있습니다.

배당률은 1주당 이윤 배당액과 액면가격의 비율을 말하는데 기업의 실적에 따라 배당금이 달라지면 배당률도 달라집니다.

배당은 주주총회의 결의 사항이 12월, 결산 법인은 통상 3월에 주주총회 이후 배당금을 주주에게 배당합니다. 개인투자자 배당금은 배당소득세를 원천징수하고 거래하는 증권회사 계좌로 자동입금됩니다.

2) 의결권을 행사 할 수 있다.

의결권은 1주마다 1개의 의결권을 가지는 것을 원칙으로 주주총회에서 결의에 참여하는 권리를 말합니다. 주주는 스스로 의결권을 행사할 수 있고, 대리인이 의결권을 행사하게 할 수 있습니다.

3) 주식 가격이 오르면 매도해서 이익을 얻을 수 있다.

주식을 보유한 주주는 매수 가격보다 주가가 상승하면 매도를 해서 시세 차익을 얻을 수 있습니다.

주식매매는 증권회사를 통해서 일정한 수수료와 거래세를 지불하고 매수와 매도를 할 수 있습니다.

3. 주식의 종류

1) 보통주

일반적으로 주식이라고 하면 보통주를 말하는 것으로 단일종의 주식만 발행할 경우에는 이 명칭을 붙일 필요가 없습니다.

보통주를 보유하고 있는 주주는 회사의 이익, 이자 배당, 잔여재산의 분배 등에 대한 권리가 있고, 회사 경영에 참여하는 의결권이 있습니다.

주식시장에서 보통 매매를 하는 주식은 보통주입니다.

2) 우선주

의결권이 없어서 회사 경영에 참여할 수는 없지만 배당율이 좀 더 높은 주식입니다. 회사에서는 자금이 필요하시만 경영권 참여를 제한하고 싶을 때 우선주를 발행합니다.

주식매매는 시세차익을 얻는 방법도 있지만 일정 부분 안정적인 배당 수익을 얻을 수 있는 우선주를 매수 보유하고 배당금 수익을 얻는 투자방법도 있습니다.

> **배현철의 예시**
> 우선주는 주식뒤에 〈우〉 자 붙는다 - 삼성전자우

> **배현철의 꿀팁**
> 주식초보자는 삼성전자 우선주를 삼성전자 우량주라고 하면 안 돼요

4. 주식시장 구분

1) 코스피(KOSPI)시장

한국거래소에 상장된 우리나라 대표기업, 비교적 규모가 큰 기업 주식이 거래되는 시장으로 유가증권 시장(거래소 시장)이라고 합니다.

- 삼성전자, 현대차, 기아차, POSCO, 우리금융지주 등 대표 기업 주식이 거래되는 주식시장

코스피 시장에 상장하기 위해서는 연간 매출액 1000억 원 이상, 연간 이익 50억 원 이상, 주식 수 100만 주 이상 되어야 합니다.

2) 코스닥(KOSDAQ)시장

코스피 시장에는 상장할 규모는 안되지만 증권거래소에서 인정한 벤처기업과 중견기업 주식이 거래되는 시장

코스닥시장에 상장하기 위해서는 연간 매출액 100억 원 이상, 연간 이익 20억 원 이상 기준을 충족해야 합니다.

주식가격 재평가를 위해서 코스닥시장에서 코스피 시장으로 이전 상장하는 경우도 있습니다.

3) 장외(KONEX)시장

코스피 시장이나 코스닥시장에 상장할 규모가 되지 않는 기업이 거래 당사자끼리 주식을 매매하는 시장

> **배현철의 꿀팁**
> 회사에 대한 정보가 투명하지 않으면서 일부 거래로 주가 급등하는 경우가 있습니다. 주~의!!

5. 종합지수

1) 코스피지수는

시가총액 산출방식으로 1980년 1월 4일의 거래소 시장에 상장되어 있는 회사 시가총액을 100포인트로 시작해서 분모로 하고 산출 시점에서 시가총액을 분자로 해서 산출한 지수입니다.

종합지수가 3,000포인트라는 의미는 1980년 1월 4일 보다 거래소 시가총액이 30배 증가하였다는 것으로 그만큼 주식시장 시가총액이 증가하고 주가 상승을 하였다는 의미로 해석합니다.

2) 코스닥지수

1996년 7월 1일의 시가총액을 분모로 산출 시점의 시가총액을 분자로 해서 산출한 지수입니다. 1996년 7월 1일 코스닥지수가 100포인트였지만 2004년 1월 26일부터 100포인트를 1,000포인트로 상향 조정하여 소급 적용하였습니다.

3) KRX100 지수

코스피지수와 코스닥지수를 대표할 수 있는 상위 우량주 100개를 대상으로 선정한 지수입니다.

4) KRX300 지수

코스피지수와 코스닥지수를 대표할 수 있는 상위 우량주 300개를 대상으로 선정한 지수입니다.

5) KOSPI200지수

코스피지수를 대표할 수 있는 상위 우량주 200개를 대상으로 선정한 지수입니다.

6. 주식시장에서 구별하는 주식 종류

1) 배당주

회사는 주식을 보유하고 있는 주주들에게 이익배당을 하는데, 보통은 연말 배당을 실시하고, 회사에 따라서는 분기 배당, 반기(중간) 배당, 연말 배당을 합니다.

주식가격 변동을 이용한 시세차익보다는 배당 수익을 목적으로 주식투자를 하기도 하는데 배당을 많이 하는 주식을 통칭 배당주라고 합니다.

보통 은행, 증권, 보험 등 금융주와 한국가스공사, SK가스, S-OIL, GS 등이 있습니다.

배당은 현금배당과 주식배당이 있는데, 주식배당은 사전공시를 하고, 현금배당은 주주총회에서 결정합니다.

주식배당은 신주 상장일에 거래하는 증권계좌로 주식입고됩니다.

현금배당은 주주총회에서 배당금 결정해서 배당소득세를 원천징수하고 현금을 거래하고 있는 증권계좌로 입금됩니다.

> **배현철의 예시**
> 주식시장 연말 폐장일이 12월 30일이라면 연말 배당은 12월 28일에 매수하고 29일에 매도해도 배당을 받을 수 있습니다.

> **배현철의 꿀팁**
> 고액자산가는 배당소득세 부담으로 연말 배당을 받지 않으려고 12월 28일에 주식을 매도하고 12월 29일에 주식을 다시 매수하는 경우도 있습니다.

2) 공모주

주식회사가 일반인을 상대로 자금을 공개모집하기 위해 발행하는 주식 입니다. 코스피시장, 코스닥시장에 상장하기전에 일반인에게 공개모집 주식 발행을 하는데 기관투자자를 상대로 어느 가격에서 공모주식을 매수할 의향이 있는지 사전 조사를 해서 결정합니다.

공모주 청약은 공모주를 배정 경쟁률이 높으면 공모주를 받기 위한 자금이 그만큼 많이 필요합니다.

> **배현철의 예시**
> SK바이오팜의 경우 청약경쟁률은 323:1, 청약증거금:50% 공모가 49,000원이니까 실제 증거금은 24,500원에 경쟁률 323을 곱하면 7,913,500원을 증거금으로 청약해서 1주를 받을 수 있습니다. 배정 받은 후 청약에 필요한 가격 49,000원을 제외한 금액은 2~5일 이내에 인출 가능합니다.

> **배현철의 꿀팁**
> 좋은 기업 공모주를 많이 배정받기 위해서 단기대출을 이용하기도 합니다.

기관투자사는 공모주 배정을 받은 날로부터 일정기간 매도를 할 수 없다는 약속을 하게 되는데 이것을 보호예수기간이라고 하고, 보호예수기간이 끝나면 기관투자자들 매도가 급증하면서 주가 하락폭이 커질 수 있습니다.

> **배현철의 꿀팁**
> 신규상장 종목 매매에는 기관투자자 보호예수기간을 확인하세요.

3) 경기방어주

경기변동에 둔감하게 움직이는 주식으로 매출이나 영업이익이 지속적으로 이어지고 보유자산이 많은 주식으로, 철도, 가스, 전력, 통신 같은 공공재 기업이나 생활필수품 종목, 제약주가 해당됩니다.

4) 경기민감주

경기가 좋을 때는 주가 상승이 커지고 경기가 나쁠때는 주가 하락폭이 커지는 경기에 민감한 주식으로 자동차, 철강, 항공, 운수, 건설, 반도체, 해운, 정유 업종이 해당됩니다.

한국주식시장에서 경기민감주는 70% 이상을 차지합니다. 우리나라는 수출비중이 높은 산업구조를 가지고 있기 때문에 세계경기 변화에 따라서 주가가 움직입니다.

> **배현철의 꿀팁**
> 경기방어주를 안전한 투자종목으로 생각할 수 있지만, 주식투자는 위험투자자산입니다. 기업의 성장 가능성이 높다면 앞으로 주가 상승을 기대하면서 경기민감주 투자를 한다면 더 높은 수익을 얻을 수도 있습니다.

5) 유틸리티 주식

한국가스공사, 한국전력 등 산업 인프라, 에너지 관련종목을 말합니다.

> **배현철의 꿀팁**
> 대형주 : 자본금 750억 원 이상 / 중형주 : 자본금 350~750억 원 / 소형주 : 350억원 이하

2장

증권시장 유권기관

1. 증권회사

주식투자자를 대신하여 증권거래소에서 주식을 대신 매매해주고 수수료를 받는 금융기관으로

1) 증권회사 자본금으로 주식매매를 하는 자기 매매 업무

2) 고객으로부터 주문을 받아 주식을 매수, 매도하는 위탁매매 업무

3) 위탁매매 업무를 대신하거나 중개하는 업무

4) 매매 거래에 관해 위탁받은 것을 중개, 주선, 대리하는 업무

5) 증권발행 인수 및 매출 업무

6) 유가증권 상장 주관 업무

7) 고객에게 투자자금을 융자하거나 유가증권을 대여하는 업무 등을 합니다.

2. 증권거래소

주식, 선물, 파생상품, 채권 등을 거래하는 인증된 시장으로 회원제로 운영되며 증권회사와 선물회사, 은행만이 매매가 가능합니다.

유가증권 상장, 회원사 관리, 매매 현황을 증권회사에 전달하는 업무를 합니다.

> **배현철의 꿀팁**
>
> 증권회사를 통해서 주식매수 매도 주문을 하면 증권거래소에서 매매가 이루어집니다.

3. 한국예탁결제원

주식투자자, 금융기관, 증권회사 등으로부터 상장증권을 예탁하고 매매결과에 따라서 계좌 간 결제를 담당합니다.

주요 업무는 예탁 서비스, 발행 서비스, 결제 서비스, 파생 서비스, 국제금융 서비스를 합니다.

4. 증권금융회사

증권회사와 투자자에게 증권 매매와 관련한 자금이나 증권을 빌려 주는 금융업무 전담회사입니다.

5. 한국증권업협회

증권 회사 간의 업무 질서 유지, 증권 거래의 공정성, 투자자 보호, 유가 증권 인수에 관한 조정 및 협의를 목적으로 설립된 기관입니다.

6. 금융감독원

건전한 신용 질서와 금융 거래 관행을 확립하고, 예금자 및 투자자 보호를 목적으로 설립된 특수법인입니다.

주요업무는 금융회사의 감독과 검사, 자본시장 감독, 금융소비자 보호, 국제 협력 및 교류 등이 있습니다. 은행, 증권, 보험회사 등 금융회사의 인허가를 담당하고, 금융 기관의 재무 건전성을 감독 합니다.

부가업무는 감사보고서의 회계기준을 마련하고, 불공정 거래를 적발하고, 금융 분쟁을 조정하고, 금융위원회 등 상위 기관의 업무를 보조하는 역할을 합니다.

7. 금융위원회

1) 금융기관의 감독과 관련된 규정의 제정 및 개정

2) 금융기관의 경영과 관련된 인허가

3) 증권, 선물 시장의 관리 감독

4) 증권감독원의 업무 운용에 대한 지시, 감독 업무를 합니다.

3장

주식매매

1. 증권시장 용어

1) 현재가

실시간으로 등락을 거듭하는 현재 주식가격

2) 시초가

주식시장 9시 시작과 동시에 형성되는 오늘 최초 주식가격

3) 종가

주식시장 15시 30분 마감에 형성되는 오늘 마지막 주식가격

> **배현철의 꿀팁**
> 시초가와 종가는 단일가 체결방법으로 주식가격을 결정합니다.

4) 예수금

증권계좌에 입금한 금액중에 매매대금으로 사용되지 않고 남아있는 잔고 금액

> **배현철의 꿀팁**
> 주식매매는 3일 결제 방법이기 때문에 주식계좌 잔고현황에서 D+2일 예수금이 현재 시점에서 주식매수 매도 정산 완료된 예수금입니다.

> **배현철의 꿀팁**
>
> D+2일 예수금 잔고 금액이 마이너스를 기록하고 있다면 미수금이 발생한 것으로 D+2일까지 마이너스 금액을 입금하거나 마이너스 금액만큼 보유주식을 매도하지 않으면 증권회사에서 부족한 금액을 회수하는 반대매도를 시행합니다.

현재가 창 입니다.

① 중간에 호가를 중심으로 왼쪽은 현재 매도 주문 나온 가격별 매도 수량

② 오른쪽은 현재 매수 주문 들어온 가격별 매수 수량 입니다.

③ 상단에 현재가(54,200원)는 현재 시각에 매수 매도 체결된 가격입니다.

5) 주식증거금

매수 주문을 할때 필요한 최소금액으로 증권회사마다, 종목별로 증거금이 다를 수 있습니다. 증거금 비율이 높을수록 리스크 부담이 크다고 볼 수 있고 관리종목이나 단기 주가 급등 종목은 증거금 비율이 100%로 지정될 수 있습니다.

> **배현철의 예시**
>
> 증거금 40% 종목을 100만원 주식매수하면 계좌에서는 40%, 40만원이 차감되고 나머지 60%, 60만원은 D+3일, 이틀 후에 계좌에서 차감됩니다. 100만원 주식매수를 하고 D+1일 계좌에 남아있는 60만원을 이용해서 추가로 주식매수를 할 수 있지만 D+3일에 미수금이 발생하지 않도록 관리가 필요합니다.

6) 추정자산

계좌에 남아있는 현금과 보유한 주식의 현재가로 현금화했을 때 총자산 금액

> **배현철의 꿀팁**
>
> 주식가격 변동에 따라서 추정자산은 수시로 변동합니다.

7) 상한가

우리나라에서는 선의의 피해자를 보호하기 위해서 하루에 주식가격이 상승할 수 있는 최고가격을 제한하고 있는데, 전일종가 기준으로 +30% 까지의 가격이 상한가입니다.

> **배현철의 예시**
>
> 전일종가 20,000원인 주식의 오늘 상한가는 26,000원(+30%) 입니다.

8) 하한가

우리나라에서는 선의의 피해자를 보호하기 위해서 하루에 주식가격이 하락할 수 있는 최저가격을 제한하고 있는데, 전일종가 기준으로 -30% 까지 가격이 하한가 입니다.

> **배현철의 예시**
> 전일종가 20,000원인 주식의 오늘 하한가는 14,000원(-30%)입니다.

> **배현철의 꿀팁**
> 미국, 유럽 등 선진국 주식시장은 가격제한폭(상한가,하한가)이 없습니다.

9) 손절 매도

주식가격이 추가하락할 것으로 예상 하면서 하락중인 주식을 더이상의 손실을 막기 위해 매도하는 것을 손절매도라고 합니다.

주식매매는 수익을 얻는 것보다 손실관리가 중요한 대응 방법 이기 때문에 주식매수 시점부터 자신이 감당할 수 있는 범위에서 손절가격을 정하고 정해진 손절가격 이탈 시점에서는 더이상의 손실을 막기 위한 손절매도가 중요합니다.

> **배현철의 꿀팁**
> 증시격언에 손절은 필수, 익절은 선택

10) 익절매도

보유중인 주식의 주식가격 상승 시점에서 이익실현 매도하는 것 을 익절매도라고 합니다.

주식매수시점부터 얻을 수 있는 수익구간 목표가격을 정하고 생각처럼 주식가격이 상승하면 이익실현 매도하세요. 주식은 매도해서 증권계좌에 현금 입금이 되어야 매매가 끝난 겁니다.

11) 호재(좋은재료)

주식가격을 상승시킬 수 있는 실적개선, 신약개발, 지분매각, 무상증자 등 좋은 재료를 말합니다. 주식가격은 꿈을 먹고 성장한다고 합니다.

호재가 만들어지면서 꿈을 이루고자 하는 기대로 주식가격은 상승하지만, 호재가 발표되고 주식시장에 노출되면 꿈이 이루어졌기 때문에 주식가격은 고점을 만들게 됩니다.

개인투자자들은 증권방송이나 인터넷에 알려지는 뉴스를 보고 호재로 생각하면서 추격매수하게 되는데 소문에 사서 뉴스에 팔아라는 격언을 생각하시기 바랍니다.

배현철의 꿀팁
증권방송이나, 메스컴에서 발표되는 호재는 주식매도 기회입니다.

12) 악재(나쁜 재료)

주식가격을 하락시킬 수 있는 실적 악화, 대주주 횡령, 신약개발 무산, 자본잠식 등 나쁜 재료를 말합니다.

실적이 좋은 업종대표종목이 단기악재로 주가 하락하는 시점에서는 단기 매수 기회가 될 수도 있지만 한번 악재로 주가 급락하면 만회할 때까지는 상당 기간 걸리기 때문에 보유종목 중에 예상하지 않은 악재로 주가 하락하면 일단 소나기는 피해간다는 생각으로 매도 후 다시 생각하는 대응이 필요합니다.

주식시장에서 호재 반응보다는 악재 반응이 더 민감하게 작용 하고 소문으로 전해지는 악재가 실제로 노출되면 주식가격 하락폭이 확대 되는 것이 주식시장 특성입니다.

배현철의 꿀팁
방귀가 자주 나오면 화장실 가야 합니다.

13) 유상증자

주식회사가 자금을 조달하기 위해서 자기회사 신주를 발행하여 자금을 모으는 것으로 주주배정방식, 일반공모, 3자배정 방식이 있습니다.

유상증자 발표는 유통물량이 증가하면서 주식가격이 희석된다는 점에서 단기 악재가 될 수 있지만, 회사 입장에서는 재무구조개선 효과가 있고 유상증자 자금으로 신규사업, 인수합병 등 사업 다각화 등을 하면서 중기적으로는 주식가격 상승을 견인할 수 있습니다.

배현철의 꿀팁
유상증자에 대해서는 〈제5과 재료 분석과 이해〉에서 다시 공부합니다.

14) 무상증자

주식을 보유하고 있는 주주들에게 회사에서 무상으로 주식을 부여하면서 주식유통물량과 자본금을 늘리는 것입니다.

무상증자 발표는 돈을 안받고 무상으로 주식을 준다는 시각에서 본다면 단기호재로 작용하면서 주가상승을 견인할 수 있지만, 무상증자 후에는 그만큼 회사 잉여금이 감소하고 사업활동에 쓸 수 있는 자금이 축소되기 때문에 중기적으로는 악재로 작용할 수도 있습니다.

> **배현철의 꿀팁**
> 무상증자에 대해서는 〈제5과 재료 분석과 이해〉에서 다시 공부합니다.

15) 액면가

주식회사가 주식을 발행할 때 최초의 1주 가격을 말하는데, 액면가에 발행주식수를 곱하면 자본금이 됩니다.

종목에 따라서는 액면가는 5,000원, 2,500원, 1,000원, 500원, 200원, 100원 등 6종으로 나뉘는데 액면가는 회사가 정하기 나름입니다.

액면가와 기업의 가치는 아무런 관계가 없습니다.

16) 액면분할

납입자본금의 증감 없이 기존 주식의 액면가격을 일정 비율로 분할해서 발행주식수를 늘리는 것입니다.

주식가격이 고가일 때 주식매매를 활성화하기 위해서 유통주식수를 늘리도록 액면가를 인하하는 액면분할을 하게 되는데, 액면가가 5,000원에 주식가격이 10만원인 경우 액면가를 500원으로 액면 분할을 해서 주식가격을 1만원으로 거래를 하면 시장 참여자들이 싸다는 생각을 하면서 매수가 증가하고 주식가격을 상승시킬 수 있습니다.

회사입장에서는 액면분할로 주식의 분산효과가 나타나면서 적재적 M&A 부담이 감소하고, 경영권 방어에 도움이 될 수 있고, 기업가치에 변동이 없이 주식발생수가 늘어나면서 무상증자와 같은 효과가 발생할 수 있습니다.

> **배현철의 꿀팁**
> 삼성전자가 2018년 1월 4일 액면가 5,000원을 100원으로 액면분할 하면서 280만원이던 주식가격이 5만원대로 낮아지면서 유동성 증가로 주가상승폭을 확대 하였습니다.

17) 액면병합

액면분할과 반대로 기존 주식의 액면가격을 일정 비율로 병합해서 발행주식수를 감소시키는 것입니다.

주식가격이 저가일 때 적정한 주식가격을 평가받기 위해서 유통주식수를 감소시키도록 액면가를 인상하는 액면병합을 하게 되는데 액면가가 500원에 주식가격이 1만원인 경우 액면가를 5,000원으로 액면병합을 해서 주식가격을 10만원으로 거래를 하면 적은 거래량으로 주식가격을 상승시킬 수 있습니다.

> **배현철의 꿀팁**
> 삼성전자가 1987년 1월 5일 액면가를 500원에서 5,000원으로 액면병합하였습니다.

18) 감자

발행한 주식수를 소각해서 자본금을 축소하는 것으로 유상감자와 무상감자가 있습니다.

유상감자는 기업이 자본을 감소시킨 만큼 주주들에게 지분 배율만큼 돈을 지불하는 방식으로 기업규모에 비교해서 자본금이 지나치게 많을 경우 자본금을 감소시키는 것으로 기업가치를 높이고 주가상승을 기대하게 합니다.

무상감자는 주식을 보유하고 있는 주주들이 어떠한 보상도 받지 못한 채감자비율 만큼 주식수가 감소하게 됩니다. 무상감자 발표는 단기적으로 주가 하락 원인이 될 수 있지만 중기적으로는 부채비율이 감소해서 재무구조 개선 효과가 있습니다.

19) 개별주식 옵션

미리 정해진 가격에 특정한 시점 또는 그 이전에 주식을 매수, 매도할 수 있는 권리를 말합니다.

옵션은 매수할 권리가 부여된 콜 옵션(call option)과 매도할 권리가 부여된 풋 옵션(put option) 으로 구분합니다.

개별주식 옵션 거래 종목은 삼성전자, SK텔레콤, KT, 국민은행, 한국전력, 포항제철, 현대자동차 등입니다.

> **배현철의 꿀팁**
> 상장주식종목 모두가 옵션거래를 할 수 있는 것은 아닙니다.

20) 거래정지

주식이 급등, 급락하거나 주가에 영향을 미칠 수 있는 변경사항이 있으면 주식 거래를 정지시키는 것으로

불성실 공시 : 불성실공시법인 지정일 당일 1일간 매매정지
조회공시 요구 : 신고시한 이후부터 조회공시 답변시까지 매매정지
중요내용 공시 : 단해공시시점부터 30분간 매매정지

21) 거래중지

주식매매 장중시간에 개별종목의 가격이 10% 이상 상승하거나 하락 하는 경우 2분간 단일가 매매를 적용해서 주가 급변을 완화시키는 제도

- VI발동

> **배현철의 꿀팁**
> 서킷브레이크, 사이트카 발동은 뒤에서 공부하세요.

22) 상장폐지

주식시장에 상장된 주식이 적자지속, 자본잠식, 주요주주 횡령 등으로 증권거래소 상장을 폐지시키는것. 회사가 유통주식을 공개모집 매수해서 상장폐지를 결정하는 경우도 있습니다.

자본잠식, 적자지속 등으로 상장폐지가 결정되면 회사정리절차로 마지막 주식매매기간에 매도하세요.

23) 공매도

주식하락을 예측하면서 남의 주식을 빌려서 매도하고 주가가 하락하면 싼 가격에 매수해서 시세 차익을 남기는 매매 방법.

공매도는 신용거래입니다.

공매도한 주식가격이 상승하면 공매도 했던 사람은 담보부족(신용 매수해서 주가 하락으로 담보부족 발생과 반대)으로 현금을 입금하든지 주식을 다시 매수해서 빌린주식을 갚아주는 과정에서 주가상승폭이 커질 수 있습니다. 이런 현상을 숏커버링(Short Covering) 이라고 합니다.

- 공매도가 많았던 종목 주가 상승전환시에 매수 잘 보세요.

24) 신용거래

레버리지 효과를 기대하면서 증권회사에서 주식매수 대금을 빌려서 주식을 매수하는 매매방법

- 매수한 주식가격이 하락하여 증권회사에서 약정한 담보비율 이하로 내려가면 증권회사에서 빌려준 금액을 회수하기 위해서 주식매도를 하는 반대매도가 이루어지면 깡통계좌 발생합니다.

주식격언에 강세장에서 깡통 나온다고 합니다. 개별종목 깡통계좌 정리매도 다 나오면 주식가격 상승폭 확대됩니다.

25) 주식매매 수수료

증권회사를 통해서 주식매수, 매도를 하면 일정부분은 정해진 수수료를 지불하게 되는데, 증권회사별 매매형태(HTS주문, ARS주문, 증권회사 지점주문 등)에 따라서 수수료 지급 비율은 다릅니다.

주식을 매도하면 매도금액에 대해서 증권거래세가 부과됩니다. 증권거래세는 매도가 체결되면 증권계좌에서 자동으로 정산합니다.

26) 거래량

증권거래소 시장에서 매매가 성립된 수량.

주식가격 상승시점에서는 거래량이 급속도로 증가합니다. 〈거래량이 주가의 그림자.〉라는 증시격언처럼 주가변동 시점에서 거래량이 먼저 변화를 보입니다.

27) 자사주 매입

주가상승을 위해서 회사에서 자기회사 주식을 매수하는 것.

자기회사 내용을 제일 잘 알고 있는 회사에서 자기회사 주식을 매수한다는 것은 향후 주가상승을 기대할 수 있습니다.

반대로 보유하고 있던 자사주를 매도하는 것은 주가에 악재로 작용할 수 있습니다.

28) 시가총액(시총)

증권거래소에 상장된 각 종목의 주식수를 각각의 종가를 곱한 후 합계한 금액인 시가총액은 주식시장에서 평가받는 기업의 가치입니다.

29) 고객예탁금

증권회사가 주식거래를 위해서 고객으로 받아서 보관중인 위탁 예수금

- 고객예탁금이 증가하는 것은 향후 주식을 매수할 수 있는 여력이 있는 것으로 주식시장 호재로 작용합니다.

30) 호가창

현재주식가격과 매수 매도 현황을 확인할 수 있는 화면창

31) 가격우선의 원칙

증권시장 매매에 있어 호가의 우선순위를 정하는 것

매도는 낮은 가격을, 매수는 높은 가격을 우선한다는 원칙

32) 시간 우선의 원칙

증권시장 매매에 있어 호가의 우선순위를 정하는 것

체결우선은 빠른시간 주문이 우선한다는 원칙

33) 관리대상 종목

영업정지나, 부도발생등으로 상장폐지 사유가 발생하였을때 투자자에게 특별한 주의를 주기 위해서 증권거래소가 별도로 지정하는 종목

관리대상 종목으로 지정되면 매매거래방법이 달라집니다.

34) 우회상장

증권거래소에 상장 요건이 되지 않는 기업이 이미 상장되어 있는 기업을 기업인수(M&A) 하여 상장하는 것 입니다.

기업인수 후 인수한 기업명을 바꾸기도 하고 계열사로 편입하기도 합니다.

35) 스펙(SPAC)

공모를 통해서 자금을 조달해서 기업합병을 목적으로 하는 기업인수목적 회사

정상적인 상장절차가 어렵고 많은 시간이 필요하기 때문에 이미 상장되어 있는 스펙과 합병을 하면서 빠른시간에 상장을 할 수 있는 장점이 있습니다.

스펙은 공모해서 상장이후 3년 이내에 합병회사를 찾아야 하는데. 3년 안에 합병회사를 찾지 못하면 청산해야 합니다.

스펙에 투자한 사람은 합병성사 시점에서 주가상승을 기대할 수 있고 청산시에는 원금과 약정된 이자를 받을 수 있습니다.

스펙투자는 증권계좌에서 일방종목 매매하듯이 매수 매도 가능합니다.

> **배현철의 예시**
> 미래에셋대우스펙 5호, DB금융스펙 7호 등등

36) 주식매수청구권

기업이 인수합병, 사업분할, 영업양도 등 주주의 이익과 관련된 특별결의 사항을 진행할 때 기존 주주들에게 금전적 불이익을 보상하기 위해서 주주가 기업에게 자신의 보유주식매수를 청구하는 권리입니다.

매수청구가격은 현재 시세를 반영해서 회사와 협의결정하거나 주주총회 전 60일간 평균 주가로 결정합니다. 주식가격 하락추세에서는 매수청구가격이 현재 주가보다 높게 책정되고 주가 상승추세에서는 매수청구가격이 현재주가 보다 낮게 책정됩니다.

매수청구가격은 기업이 결정한 가격을 주주 30% 이상이 반대하면 금융감독위원회가 가격을 다시 결정합니다. 주주 평등원칙에 따라서 모든 주주가 동일한 가격으로 매수청구권을 행사 할 수 있습니다.

매수청구자격은 주주명부폐쇄일 직전 기준 주주명부에 기재된 주주에 한해서 매수청구권을 행사할 수 있습니다.

특별결의 사항에 반대하는 주주는 주주총회 전 영업일 기준 3일전까지 서면으로 반대의사를 통지해야하고 반대를 했음에도 다수결로 특별결의 사항이 통과되면 자동으로 매수청구권리가 인정됩니다.

반대한 주주는 자기가 보유한 주식수를 서면이나 온라인 상으로 매수청구권 행사를 회사에 통지하면 됩니다.

매수청구권을 통지한 주주가 회사에서 매수를 실시하기 전에 주가 상승으로 주식을 매도하면 자동으로 매수청구권은 소멸됩니다.

37) ETF

ETF는 상장지수펀드라고 하는데 코스피200과 같은 주식시장 대표적인 지수를 추종하는 인덱스펀드에다 주식의 장점을 결합한 것입니다.

펀드는 내가 원하는 시점에서 매수 매도를 할 수 없지만 ETF는 주식처럼 원하는 시점에서 매수, 매도를 할 수 있습니다.

ETF 매매는 펀드이기때문에 주식매매거래세가 없습니다.증권회사 수수료만 부과합니다. 장기보유 시에는 펀드에 부과되는 배당소득세가 부과될 수 있습니다.

ETF는 기초자산(종합지수, 코스닥지수, 금, 채권, 원유 등)에 따라서 종류가 다양하고 설정방법에 따라서 기초자산대비 2배로 변동하는 것도 있기때문에 종목선정에는 기초자산, 설정방법 확인이 필요하고 종목에 따라서는 하루 거래량이 적은 것은 장중 변동폭이 커질 수 있고 매수 매도 대응이 어려울 수 있습니다. 하루거래량 100만주 이상 되는 종목으로 매매하세요.

ETF 거래는 사용중인 증권계좌에서 주식매매와 동일한 방법으로 매매 가능하지만 사전에 거래하는 증권회사에서 리스크관리 교육을 이수해야 합니다. 각 증권사 콜센터에 문의해서 안내 받으세요.

종목선정이 어려운 사람은 종합지수를 기초자산으로 하는 ETF 매매를 하는 것이 유리하고 종합지수가 상승할 것으로 생각하면 ETF 이름중에 〈레버리지〉 종목을 매수하고 종합지수가 하락할것으로 생각하면 ETF 이름중에 〈인버스〉를 매수하면 됩니다.

38) ETF 분류

* KODEX레버리지(KOSPI 200지수 상승을 생각 하면 매수) : CODE번호 122630 / KOSPI 200 지수 수익률을 2배씩 추적하는 ETF

기초자산인 KOSPI200지수가 1% 상승하면 ETF가격은 2% 상승하고 KOSPI200지수가 1% 하락하면 ETF가격은 2% 하락한다.

* KODEX인버스((KOSPI 200지수 하락을 생각하면 매수) : CODE번호 114800 / KOSPI 200 지수 수익율과 반대로 1배씩 추적하는 ETF

기초자산인 KOSPI200지수가 1% 하락하면 ETF가격은 1% 상승하고 KOSPI200지수가 1% 하락하면 ETF가격은 1% 상승한다.

* 운용회사에 따라서 상품명이 정해져 있습니다.
KODEX200:삼성자산운용, 파워200:교보악사자산운용, ARIRANG200:한화자산운용, KBSTAR200:케이비자산운용, KINDEX200:한국투자신탁운용, TIGER200:미래에셋자산운용, KOSEF200:키움투자자산운용

* ETF 뒷보분 이름에 따른 분류

*** 200은 KOSPI200지수 일간 변동률
*** 200대형은 KOSPI 100지수 일간 변동률
*** 코스닥 150은 코스닥 150지수 일간 변동률
*** 기계장지, 건설 등은 해당 업종별로 구성된 지수변동률
*** 차이나, 미국, 인도네시아 등은 각국가의 특정지수 변동률

39) 전환사채(CB)

Convertible Bond의 줄임말로 전환가능한 회사채입니다. 회사에서 채권으로 발행하지만 채권을 일정가격에 주식으로 전환할 수 있는 채권입니다.

전환사채는 사채의 발행총액, 자금조달의 목적, 사채의 이율, 사채만기일, 사채발행방법(사모, 공모), 주식전환비율, 전환가액, 전환에따라 발행할 주식, 전환청구기간, 청약일, 납입일, 사모발행 시에는 대상자별 사채발행내역, 조기상환일정 및 내역 등을 공시하여야 합니다.

회사입장에서는 낮은 이자로 채권을 발행하고 현금상환부담을 줄이면서 자본금 확보가 유리하고 투자자 입장에서는 주식가격이 상승하면 주식으로 전환해서 시세차익을 얻을 수 있고, 만약 주식가격이 상승하지 않으면 채권에 대한 이자를 받을 수 있습니다.

전환사채는 발행후 일정기간 주식으로 전환할 수 없고(보통은 발행후 1년 후부터 주식전환 가능) 채권을 주식으로 전환하면 채권으로 다시 되돌릴 수 없습니다.

전환사채를 주식으로 전환하면 회사의 채권은 소멸되고 부채비율이 감소하면서 재무구조가 개선됩니다.

주가상승시점에서 전환사채가 주식으로 전환되면서 유통주식수가 증가하고 단기 매도 압력이 커지면서 주가상승에 부담으로 작용할 수 있습니다.

전환사채를 매수한 투자자는 발행한 회사가 부실해지면 리스크 부담이 커질 수 있습니다.

40) 신주인수권부채권(BW)

신주인수권부채권은 매수한 투자자에게 일정한 기간이 경과하면 일정한 가격으로 발행회사의 신주를 인수할 수 있는 권리가 부여된 사채입니다.

사채권과 신주인수권이 별도의 증권으로 분리표시되어 독자적으로 양도 가능한 것이 분리형 신주인수권부사채이며 신주인수권과 사채권이 병행 표시되어 분리 양도가 안 되는 것이 비분리형 신주인수권부사채입니다.

분리형 신주인수권부사채는 신주인수권만 분리하여 신주청약을 할 수 있으며, 유통시장에서 매매가 가능하지만, 신주인수권을 행사하지 않으면 만기시에 신주인수권리는 소멸됩니다.

신주인수권부사채는 발행회사 입장에서는 저렴한 이자비용으로 채권을 발행하여 자본금을 확보할 수 있는 장점이 있고 투자자 입장에서는 만기시에는 일정한 이자수익을 얻을 수 있고, 주가상승 시 신주인수권의 행사로 주식 매매차익을 얻을 수 있습니다.

신주인수권행사 후에도 사채는 존속하기 때문에 확정이자 및 원금을 회수할 수 있습니다.

신주인수권부채권 발행시에는 사채의 종류(사모, 공모 구분, 분리형 비분리형 구분), 사채의 권면총액, 자금조달의 목적, 사채의 이율, 이자지급방법, 사채발행방법, 원금상환방법, 행사비율, 행사가액, 권리행사기간, 청약일, 납입일 등을 공시하여야 합니다.

41) 배당

일정기간까지 주식을 보유한 주주에게 회사는 이익금 가능 범위 내에서 배당금을 지급합니다. 일반적으로 배당금은 주주가 가진 주식의 수에 따라 지급하는 주주 평등의 원칙을 지키도록 되어 있습니다.

39) 전환사채(CB)

Convertible Bond의 줄임말로 전환가능한 회사채입니다. 회사에서 채권으로 발행하지만 채권을 일정가격에 주식으로 전환할 수 있는 채권입니다.

전환사채는 사채의 발행총액, 자금조달의 목적, 사채의 이율, 사채만기일, 사채발행방법(사모, 공모), 주식전환비율, 전환가액, 전환에따라 발행할 주식, 전환청구기간, 청약일, 납입일, 사모발행 시에는 대상자별 사채발행 내역, 조기상환일정 및 내역 등을 공시하여야 합니다.

회사입장에서는 낮은 이자로 채권을 발행하고 현금상환부담을 줄이면서 자본금 확보가 유리하고 투자자 입장에서는 주식가격이 상승하면 주식으로 전환해서 시세차익을 얻을 수 있고, 만약 주식가격이 상승하지 않으면 채권에 대한 이자를 받을 수 있습니다.

전환사채는 발행후 일정기간 주식으로 전환할 수 없고(보통은 발행후 1년 후부터 주식전환 가능) 채권을 주식으로 전환하면 채권으로 다시 되돌릴 수 없습니다.

전환사채를 주식으로 전환하면 회사의 채권은 소멸되고 부채비율이 감소하면서 재무구조가 개선됩니다.

주가상승시섬에서 전환사채가 주식으로 전횐되면서 유통주식수가 증가하고 단기 매도 압력이 커지면서 주가상승에 부담으로 작용할 수 있습니다.

전환사채를 매수한 투자자는 발행한 회사가 부실해지면 리스크 부담이 커질 수 있습니다.

40) 신주인수권부채권(BW)

신주인수권부채권은 매수한 투자자에게 일정한 기간이 경과하면 일정한 가격으로 발행회사의 신주를 인수할 수 있는 권리가 부여된 사채입니다.

사채권과 신주인수권이 별도의 증권으로 분리표시되어 독자적으로 양도 가능한 것이 분리형 신주인수권부사채이며 신주인수권과 사채권이 병행 표시되어 분리 양도가 안 되는 것이 비분리형 신주인수권부사채입니다.

분리형 신주인수권부사채는 신주인수권만 분리하여 신주청약을 할 수 있으며, 유통시장에서 매매가 가능하지만, 신주인수권을 행사하지 않으면 만기시에 신주인수권리는 소멸됩니다.

신주인수권부사채는 발행회사 입장에서는 저렴한 이자비용으로 채권을 발행하여 자본금을 확보할 수 있는 장점이 있고 투자자 입장에서는 만기시에는 일정한 이자수익을 얻을 수 있고, 주가상승 시 신주인수권의 행사로 주식 매매차익을 얻을 수 있습니다.

신주인수권행사 후에도 사채는 존속하기 때문에 확정이자 및 원금을 회수할 수 있습니다.

신주인수권부채권 발행시에는 사채의 종류(사모, 공모 구분, 분리형 비분리형 구분), 사채의 권면총액, 자금조달의 목적, 사채의 이율, 이자지급방법, 사채발행방법, 원급상환방법, 행사비율, 행사가액, 권리행사기간, 청약일, 납입일 등을 공시하여야 합니다.

41) 배당

일정기간까지 주식을 보유한 주주에게 회사는 이익금 가능 범위 내에서 배당금을 지급합니다. 일반적으로 배당금은 주주가 가진 주식의 수에 따라 지급하는 주주 평등의 원칙을 지키도록 되어 있습니다.

배당은 대차대조표 상의 순자산액에서 자본액, 법정적립금, 당기준비금을 공제 후 남은 금액을 한도로 배당합니다.

배당시기는 영업연도 말을 기준으로 하지만, 회사에 따라서는 분기배당, 반기배당, 연말배당을 합니다. 1주당 배당액과 액면가격의 비율을 배당률이라 합니다.

연말배당은 매년 주식시장 납회일 / 12월 30일까지 주식을 보유한 주주가 배당을 받을 수 있는데, 연말 폐장일이 12월 30일이라면 주식매매는 3일 결제하기 때문에 12월 28일까지 주식을 보유한 주주까지 연말배당을 받을수 있고 12월 29일은 배당락을 합니다.

원칙적으로 현금 배당은 배당락이 없고, 주식배당은 배당락이 있지만 통상적으로 12월 29일은 배당권리가 소멸되면서 배당락 효과로 주가 하락 부담이 커집니다.

42) 현금배당

분기배당은 분기말일까지, 반기배당은 반기말일까지, 연말 배당은 연말결산기 말일까지 주식을 보유한 주주에게 현금으로 배당금을 지급합니다. 배당금액은 주주총회에서 결정하고 배당소득세를 공제한 배당금은 주식을 보유했던 증권계좌로 입금됩니다.

43) 주식배당

분기배당은 분기말일까지, 반기배당은 반기말일까지, 연말 배당은 연말결산기 말일까지 주식을 보유한 주주에게 주식으로 배당합니다.

44) 주식배당과 무상증자

연말 결산일까지 주식을 보유한 주주에게 회사는 주식으로 배당을 하거나

12월 30일을 배정일로 무상증자를 하는데 두 가지 방법 모두 주주에게 주식을 주는 것은 같지만 주식배당은 배당소득세가 부과되고 무상증자는 배당소득세가 부과되지 않습니다.

무상증자를 실시하는 회사는 주주에게 유리한 배려를 하는 겁니다.

45) 블록딜

회사 인수합병이나, 자사주 매도 등 특정인 간에 대량으로 주식매매를 체결시켜주는 제도를 말합니다. 주식시장에서 대량으로 매도가 나오거나 대량으로 매수가 유입되면 주식가격을 왜곡시킬 수 있기 때문에 통상 시간 외 거래에서 매수, 매도자가 약속한 금액에 대량매매를 체결합니다.

46) 스캘핑

단기 차익을 노리고 하루에도 수없이 단타매매를 하는 기법입니다.

반복되는 매매는 주식 매도 시 부과되는 거래세 부담이 커지면서 시세 차익을 얻기가 어렵습니다.

47) 데이트레이딩

단기 차익을 노리고 당일 매매하는 기법. 스캘핑도 데이 트레이더 분류에 속합니다. 단기 매매는 매수 시점부터 손절 가격을 정하고 손절 가격이 이탈하면 기계적으로 매도를 할 수 있는 능력이 필요합니다.

단타 들어갔다가 물려서 보유하면 손실폭이 커집니다.

48) 턴어라운드(turnaround)

적자를 기록하는 기업이 실적 개선으로 흑자전환하는 것을 말합니다. 이때 주가는 상승 기대가 커질 수 있습니다.

49) 관리종목

상장법인이 갖추어야 하는 최소한의 유동성을 확보하지 못하거나 영업실적 악화, 자본잠식 등 부실기업은 투자자 보호를 위해서 관리종목으로 지정합니다.

관리종목 지정 사유는 사업보고서 미제출, 자본잠식, 반기 월평균 거래량이 유동 주식수의 1% 미만, 매출액 미달, 감사의견 검토의견, 지배구조미달, 공시의무 위반, 시가총액 미달, 매출액 미달 등이 있습니다.

50) 변동성완화장치(VI)

변동성완화장치는 동적 변동성 완화장치와 정적 변동성 완화장치 두 가지가 있습니다.

동적완화장치는 직전 체결가격을 기준으로 2~3% 이상 변동하는 경우 2분간 단일가 거래정지 후 단일가 매매로 시작합니다.

정적완화장치는 전일 종가기준으로 10% 이상 주가 변동시 10분간 거래정지 후 단일가 매매로 시작합니다. (35ppt기준)

51) 사이드카

시장 상황이 급등이나 급락하는 경우 프로그램 매매를 일시적 으로 정지함으로써 프로그램 매매가 주식 시장에 미치는 영향을 완화하고자 하는 제도입니다.

사이드카 발생 조건은 코스피200 선물 기준가 대비 5% 변동이 1분간 지속 시 발동하고, 코스닥150 선물 기준가 대비 6% 변동이 1분간 지속 시 발동합니다.

사이드카 발동되면 5분간 프로그램 매수 매도 호가는 정지하고 5분 후 자동 개시됩니다. 사이드카 발동은 1일 1회에 한해 발동되고, 주식시장 개장후 5분, 장 종료 40분 전 이후에는 발동되지 않습니다.

52) 서킷 브레이크

시장 상황이 급등이나 급락하는 경우 현물, 선물, 옵션, 프로그램 등 모든 거래를 정지하는 제도입니다.

서킷 브레이크 발생 조건은

1단계는 코스피, 코스닥 종합지수가 전일 대비 8% 이상 하락이 1분이상 지속되면 1차거래 중지됩니다.

2단계는 코스피, 코스닥 종합지수가 전일 대비 15% 이상 하락이 1분이상 지속되면 2차거래 중지됩니다.

3단계는 코스피, 코스닥 종합지수가 전일 대비 20% 이상 하락이 1분이상 지속되면 당일 매매 종료합니다.

1단계와 2단계는 20분간 거래가 중단되고, 3단계는 즉시 매매가 종료됩니다.

서킷브레이크는 1일 1회로 한정되고, 1~2단계는 장 종료 40분 전 이후에는 발동되지 않으며, 3단계는 발동할 수 있습니다.

56) 물타기 매수

보유한 주식의 평균 단가를 낮추기 위해서 하락시점에서 추가매수하는 것을 말합니다. 주가는 하락추세를 만들면 저점을 이탈하면서 하락폭이 커지기 때문에 주가 하락시점에서 보유비중을 늘리면 심리적 부담이 커질 수 있습니다.

물타기 매수는 주가 하락 시점에서 하지 말고 주가상승 전환 확인하고 추가매수하세요.

57) 기업공개(IPO)

주식회사가 이미 발행했거나 새로 발행하는 주식의 전부 또는 일부를 정규 증권시장에서 불특정 다수 투자자에게 공개적으로 주식을 매도하면서 주식시장에 상장하는 과정을 말합니다.

기업공개는 기업의 원활한 자금조달과 재무구조 개선 효과가 있고, 주식 투자자의 기업참여를 장려하여, 국민경제의 건전한 발전에 기여하는 것을 목적으로 합니다.

58) 공모주 청약

기업이 공개를 통해 증권시장에 상장되는 경우 일반인으로부터 청약을 받아 주식을 배정하는 것을 말합니다.

공모주 청약에 참가하려면 증권회사의 근로자 증권저축이나 근로자 장기 증권저축 또는 일반증권저축에 가입하거나 은행의 공모주 청약예금 가입한 사람, 증권회사나 증권금융의 공모주 청약예수금 등에 가입한 사람 등 일정한 자격요건을 갖추어야 합니다.

59) 보호예수

증권시장에 신규상장, 기업인수합병, 3자배정 유상증자 등으로 최대주주가 보유주식을 매도할 경우 주가 하락폭이 커지면서 소액투자자 피해가 발생하는 것을 방지하기 위해서 일정 기간 주요주주 보유주식에 대해서는 매도하지 못하도록 증권예탁원에서 분리해서 의무적으로 보관하는 것을 보호예수라고 합니다.

의무보호예수 기간이 해제되면 대량매도가 나오면서 주가 하락폭이 커질 수 있습니다.

60) 프로그램매매

일반적인 상태에서는 주식시장 선물 가격이 현물가격보다 고가인 것이 정상이나 앞으로 벌어질 전망에 따라서 주식시장 선물 가격이 현물가격보다 저가인 경우가 발생하게 됩니다.

주식시장 선물과 현물을 이용해서 고가인 것을 매도하고 저가인것을 매수하면 차익을 얻을 수 있습니다.

선물지수가 고가이고 현물지수가 저가인 경우에는 콘탱고(contango)라고 하고 고가인 선물을 매도하고 저가인 현물을 매수하면 현물시장에서 주가 상승하면서 선물가격과 현물가격 사이의 차익을 얻을 수 있습니다.

예를 들어 코스피 선물을 100억 매도하고 코스피 시가총액 상위 종목 50개 100억을 매수 하게 되면 현물시장에서 주가 상승하면서, 선물과 현물의 가격 차이를 이용한 매매로 수익을 얻을 수 있습니다.

반대로 선물가격이 현물가격보다 저가인 경우에는 백워데이션(backwardation)이라고 하고 저가인 선물을 매수하고 고가인 현물을 매도하면 현물시장에서 주가 하락하면서 선물가격과 현물가격 사이에서 차익을 얻을 수 있습니다.

시가총액 상위종목 50개 매수를 동시에 100억을 매수, 매도하는 경우는 사람이 일일이 매매주문을 실행할 수가 없기 때문에 일정한 전산 프로그램에 따라서 수십 종목씩 매매를 동시에 하게되는것을 프로그램매매라고 합니다.

* 프로그램 매매로 현물을 매수하면 프로그램매수가 들어왔다고 하고 현물을 매도하면 프로그램 매도가 나왔다고 합니다.

61) 이자소득세

주식배당금과 이자소득금액 총합산 금액이 연간 2000만원 이하는 15.4% 원천징수하고 2000만원 초과분은 다른 소득과 종합과세를 하게 됩니다.

62) 로스컷(LOSS-CUT), 손절매

보유한 주식이 가격 하락하는 시점에서 더이상의 손실을 방지하기 위해서 손해를 보고 주식매도를 하는 것을 말합니다.

주식매매는 수익을 얻는 것보다 손실을 방지하는 것이 중요합니다. 매수한 주식이 하락할 때는 자신이 감당할 수 있는 손실범위를 정해서 손절매도를 하고 손실폭을 축소하는 대응이 필요합니다. 주가 하락하는데 물려서 보유하는 것을 장기투자한다고 생각하면 안돼요.

주식형펀드 운영규정에는 보유주식이 일정범위 이하로 손실이 발생하면 손실관리를 위해서 주식을 손절매도하도록 하는 로스컷 규정이 있습니다.

배현철의 꿀팁

종합지수 하락하면서 시가총액 상위종목 주가 하락폭이 커지는 시점에서는 주식형펀드 기관투자자 로스컷 매도가 증가하면서 주가 하락폭이 커질 수 있는데, 로스컷 물량이 소화되고 나면 종합지수 상승시점에서 시가총액 업종대표종목 매물 대가 없이 주가 상승폭이 커질 수 있습니다.

63) 스톡 옵션

기업에서 임직원에게 일정 기간이 지난 후에 자사의 주식을 미리 약정한 가격에 매수 할 수 있는 권리를 부여하는 것으로 주식매수선택권이라고도 합니다.

스톡옵션을 부여받은 사람은 일정한 시점이 지난 후 회사의 주식을 약정한 가격으로 매수할 수 있는 권리가 있습니다. 해당 기업의 주가가 상승하면 이 권리를 행사하여 주식을 매수해서 이익을 볼 수 있기 때문에 스톡옵션은 새로 창업하는 기업에서 우수한 인력을 확보하기 위한 방법이 되기도 하고 기존 기업에서 임직원의 근로의욕을 높이는 수단으로 활용합니다.

> **배현철의 예시**
>
> 쿠팡이 미국주식시장에 상장하면서 임직원은 스톡옵션으로 1.95달러(약 2,200원)에 쿠팡 주식을 매수했습니다. 쿠팡 임직원이 보유하고 있는 스톡옵션은 총 6,570만 3,982주로 집계됐습니다. 쿠팡 공모가가 주당 35달러(약 4만원)까지 상승한 것을 고려하면 임직원은 21억 7,152만 달러(2조 4,688억원)에 달하는 평가차익을 얻은 셈입니다.

스톡옵션 대박 사례가 기업 경영에 부정적인 영향을 미칠 수 있습니다. 스톡옵션으로 차익을 거둔 직원들이 회사를 떠날 가능성이 커지기 때문입니다. 실제로 2020년 7월 상장한 SK바이오팜이 상장 후 3거래일 연속 급등하면서 스톡옵션과 우리사주제도를 활용한 1인당 평가이익이 16억원까지 상승하자 한달 만에 70명의 직원이 퇴사를 결정한 바 있습니다.

2. 증권계좌 개설

1) 증권회사에서 계좌개설

- 직접 증권회사 방문해서 증권계좌 개설할 수 있습니다.
- 모바일 비대면 증권계좌 개설은 각 증권회사 앱 다운받아서 할 수 있습니다.

2) 은행연계 계좌개설

- 시중 은행에서 제휴증권회사 계좌개설을 할 수 있습니다.

3) 주식매매 수수료

- 주식매매 수수료는 각 증권회사마다 다르고, 동일한 증권회사 거래에서도 거래하는 방법, 증권회사 관리직원을 통해서 하는 주문, 증권회사 콜센터를 통해서 하는 주문, 컴퓨터로 HTS주문, 핸드폰 모바일로 하는 주문, 주문 금액에 따른 수수료가 다르니까 주문 전에 거래하는 증권회사 콜센터에 각자 주문 수수료를 확인하세요.

4) 주식거래 세금

주식을 매수할 때는 내지 않고, 주식을 매도할 때는 거래금액의 일정 비율로 증권거래세를 부과합니다.

5) 주식거래 시간

- 정규시간 : 09:00~15:30 (1월 2일은 10:00~15:30)
- 장시작 동시호가 : 8:30~09:30
- 장마감 동시호가 : 15:20~15:30
- 시간외 종가 : 장전 시간외종가:08:30~08:40(전일 종가로 거래)
- 장마감 후 시간외 종가 : 15:40~16:00(당일 종가로 거래)
- 시간외 단일가 : 16:00~18:00(10분 단위로 체결, 당일종가대비 상한가 +10% 하한가 -10% 가격으로 거래)

6) 주식거래 결제

주식매매는 3일 결제(휴일 제외)입니다.

> **배현철의 예시**
> 매수

6-1) 월요일 날 삼성전자(증거금 20%) 100만 원 주식매수하면 계좌에서 20만원 결제

- 나머지 80만원 가지고 추가주식매수를 할 수 있지만 3일 째 되는 날은 증거금 부족으로 미수대금 발생하니까 추가 자금을 입금하든지, 주식을 매도해야 합니다.

- 미수대금 결제하지 않으면 4일 째 시초가에 하한가로 강제매도 나갑니다.(주의~)

6-2) 수요일날 80만원 결제완료

> **배현철의 예시**
> 매도

월요일에 주식매도를 하면 당일 출금할 수 있는 것이 아니고 3일 후(휴일제외) 수요일에 출금 가능합니다.

- 증권회사에서는 미리 출금해주고 이자를 받는 곳도 있습니다.

4장

주식매매는 심리게임이다

1. 기본기 공부는 왜 해야 하는가?

3천만 원을 투자해서 주식투자를 하는 사람은 3천만 원 짜리 사업을 시작하는 개인사업자입니다.

우리가 동네에서 작은 가게를 운영하기 위해서 투자를 할 때는 그 동네에 가보고 동네 구성원이나, 지리적 요건이나, 교통환경도 조사하고 그 동네에서 경쟁하는 가게는 없는지, 동네사람들이 어떤 것을 좋아하는지 등등 많은 것을 검토하고 장사를 시작합니다.

하지만 주식투자하는 개인투자자들 대부분은 무작정 남들이 주식투자로 수익을 얻었다고 하니까 나도 수익을 얻을 수 있을 것이라는 막연한 기대감으로, 자기가 매수하고자 하는 회사가 어떤 일을 하는지, 생산하고 있는 업종은 무엇인지, 회사의 장래성은 있는지 등도 알아보지 않고 무작정 따라서 매수를 하는 것이 대다수 투자자의 매매형태입니다.

주식가격은 하루 변동폭이 상한가에서 하한가까지 60%가 움직이는 변동폭이 큰 시장입니다. 그만큼 빠른 시간에 크게 수익을 얻을 수도 있지만, 반대로 매매를 하면 크게 손실을 볼 수도 있습니다.

누구나 자기는 크게 수익을 얻을 것이라는 생각만 하고 크게 손실을 볼 것이라는 생각은 하지 않습니다.

인터넷이나, 신문, 방송을 통해서 실시간으로 전해지는 수많은 정보는 주식투자자 모두가 알고 있기 때문에 정보가 아닙니다, 정보는 나만 알고 있어야 진정한 정보입니다. 따라서 주식 투자자는 시장의 분위기에 쉽게 쏠리지 않고 자기만의 확고한 신념이나 기준을 가지고 시장대응을 해야 합니다.

2. 수익은 시간에 비례

노후자금 : 60세~80세(20년)
금리 5%계산 60세까지 5억 모으기(매월 저축액)

1) 20세 : 34만5천원 2) 30세 : 63만원
3) 40세 : 126만원   4) 50세 : 332만원
⇒ 수익은 수익율과 시간에 비례한다.

매년 금리를 5%씩 얻을 수 있다면 60세까지 5억을 만들 경우에 20세부터는 매월 34만원씩 저축을 하면 되지만 50세부터는 매월 332만원을 저축해야 합니다.

5억을 만들기 위해서는 수익율을 높이거나 투자기간을 길게 하는 방법 밖에 없습니다.

수익률을 급격하게 높이는 방법에 비교해서 투자 기간을 늘리는 방법은 비교적 어렵지 않습니다.

하지만 대다수의 투자자는 투자수익률을 높여서 단기간에 목표한 수익을 달성하려는 마음을 갖고 있습니다.

충분하게 시간을 갖고 투자하기 보다는 빠르게 한탕 하겠다는 한탕주의로 자기의 의지와는 상관없이 시장의 분위기에 따라다니거나, 남의 말만 믿고 불나방같은 투자를 하면서 가슴앓이를 하게 됩니다.

- 주식투자를 오래한 투자자일수록 그동안의 손실을 단시간에 만회를 하고 큰 수익을 얻겠다는 마음으로 뇌동매매를 하면서 점점 더 크게 손실을 보게 됩니다.

3. 주식투자는 심리전

1) mental : 마음, 의식, 정신, 지능

2) 멘탈헤저드(mental hazard) : 심리적 장애물

3) 작은 수익을 쌓아가는 마음가짐

홈런타자 이승엽선수가 홈런을 치니까 다음에 나오는 선수는 자기 능력은 생각하지 않고, 나도 홈런을 치겠다는 욕심이 앞서면서 방망이를 크게 휘두르다가 삼진을 당했습니다. 야구경기에서는 홈런 한 방도 1점이고 안타 4개도 1점 입니다. 홈런으로 1점이나 안타 4개로 1점이나 같은 결과입니다.

자기 능력에 맞는 배팅을 하면서 하나 하나씩 쌓아가는 마음가짐이 중요합니다. 다른 사람이 주가변동폭이 커지고 있는 테마주 단타매매로 수익을 얻었다고 하니까 주식 공부도 안한 사람이 단타매수 들어갔다가 물려서 손실폭 커지면 안됩니다.

* 자기자신의 능력에 맞는 투자기준을 만들고 시장의 어떠한 유혹에도 흔들리지 않는 마인드콘트롤이 가장 중요합니다.

4. 주식시장의 불합리성

1) 주식시장은 불합리한 인간심리를 토대로 형성

2) 동일한 재료를 가지고도 다르게 반응을 한다.

주식시장은 살아 움직이는 생명체와 같아서 항상 새로운 이야깃거리를 만들고 테마를 만들면서 상승과 하락을 반복하고 있습니다. 동일한 재료가 나오더라도 어느 날은 호재로 작용을 하고 어느 날은 악재로 작용하면서 시장 참여자들을 혼란스럽게 만들고 있습니다.

원/달러 환율이 상승하는 경우, 어느 날은 우리나라는 산업구조가 수출위주로 이루어져있기 때문에 환율상승은 기업의 실적호조로 주가에 긍정적인 반응을 보이면서 수출업종 주가가 상승합니다.

어느 날은 원/달러 환율이 상승을 하면 원자재 가격이 상승하기 때문에 우리나라는 원유수입 의존도가 높고, 수입 물가가 올라가면서 전체적인 경기에 부담이 될 것이라는 해석을 하면서 주식시장에 악재로 작용하고 주가가 하락을 합니다.

- 따라서 투자자는 자기만의 기준을 가지고 고집을 피우기보다는 시장의 흐름에 순응하면서 시장이 해석하는 방향으로 따라가는 마음이 필요합니다.

3) 자기에게 유리하게 해석하는 편협성

- 로또복권의 당첨확률은 1/850만이라고 합니다. 복권을 구입하는 사람도 복권에 당첨될 확률이 거의 불가능하다는 것을 알고 있지만, 복권을 살 때는 막연하지만 복권에 당첨될 것이라는 기대를 하고 복권을 구입합니다.

- 우리나라는 자동차 사고 발생률이 높은 나라입니다. 하지만 우리는 길을 걸으면서 운전을 할 때 신호를 무시하고 다니면서도 자기 자신이 교통사고를 당할 것이라는 생각은 하지 않습니다.

- 로또복권의 당첨확률과 교통사고를 당할 확률이 비교가 되지 않을 만큼 차이가 나지만 자기 자신의 입장에서는 교통사고를 당할 확률은 낮고 복권에 당첨될 확률이 높은 것으로 생각을 하게 됩니다.

* 자신이 보유하고 있는 주식은 언제나 상승을 할 것이라는 기대를 하면서 악재가 나오는 것은 배제하려고 하고 호재는 무조건 수용할 거라고 하는 편협성을 가지고 있습니다.

- 내가 보유하고 있는 주식에 대해서 나쁜 재료가 나오면 다시 한 번 확인하세요.

4) 주가를 결정하는 공식은 없다

적정 주가를 산출할 때는 PER, PBR, EPS등을 이용해서 기준치를 정하고 상대적으로 비교하는 방법을 사용하지만, 주식가격은 시장이 결정하는 것이기 때문에 1+1=2 가 되는 것이 아니고 어느 날은 5가 되기도 하고 어느 날은 -5가 되기도 합니다.

현재 주식시장에서 형성된 주식가격만이 진정한 주가라는 생각을 가지고 시장의 반응을 존중하는 마음가짐이 필요합니다.

- 주가는 시장이 결정한다.

5) 감정적으로 대응하지 마라

주식투자자는 누구나 자기만의 고집과 편견이 있습니다. 주가는 주식시장에서 결정하기 때문에 주식시장에 순응하는 마음가짐을 가지고 시장을 움직이는 보이지 않는 손의 움직임에 따라서 동참하겠다는 마음가짐이 중요합니다.

- 자기 주식이 하락하는 이유를 자기 자신보다는 시장의 잘못으로 돌리고 핑계를 만드는 투자자는 절대로 시장수익률을 공유할 수 없습니다.

6) 정보에 올인하지 마라

- 주식은 재료와 수급으로 움직이는데, 재료보다는 수급이 우선하기 때문에 "호재가 반영 안 되면 팔아라" "소문에 사서 뉴스에 팔아라"라는 증시격언이 있습니다.

주가는 뉴스에 선행해서 움직이는 특성이 있습니다. 뉴스에서 나오는 호재를 보고 주식매수를 하면 단기고점에 물릴 수 있습니다.

7) 투자는 내일도 있다.

주식시장에서 주식 가격이 상승하면 당장에 매수하지 않으면 안 될것 같은 분위기를 만듭니다.

대다수 투자자들이 시장분위기를 이기지 못하고 자기마음하고는 상관없이 매매를 하면서 손실을 키우고 있습니다.

당장 눈 앞에 돈이 왔다갔다 하는 주식 시세표는 항상 우리들의 마음을 설레게 만들지만, 자기 기준이 없이 뇌동매매 한다는 것은 불나방이 불을 보고 무작정 달려드는 것과 같습니다.

8) 잦은 매매는 리듬을 잃을 수 있다.

시장의 분위기에 편승해서 자기 생각하고는 다른 매매를 하면서 잦은 매매를 하게 되는 것이 일반투자자의 마음입니다.

잦은 매매를 한다는 것은 그만큼 매매심리가 불안하다는 증명입니다.

잦은 매매로 나가는 수수료 역시 부담으로 작용합니다.

- 단타 매매는 10번 수익을 한 번 손실로 모두 잃을 수 있습니다.

9) 주식투자는 리스크 요인이 상존

주식투자를 하는사람은 손실을 생각하기보다는 절대적으로 수익을 얻을 것이라는 생각만 하면서 앞으로만 나갑니다.

HIGH RISK~HIGH RETURN 입니다. 리스크 없이 수익을 얻을 수는 없습니다.

> **배현철의 예시**
> 1,000만 원으로 50% 수익을 얻으면 1,500만 원입니다. 다시 50% 손실을 보면 750만 원입니다. 수익을 얻는 것보다는 손실을 방지하는 것이 더 중요합니다.

10) 자신의 능력에 맞는 투자

주식투자를 하는 사람은 단기간에 자기 투자금액에 비해서 큰 수익을 얻기 위해서 대출을 사용하기도 합니다.

수익이 발생했을 때는 레버리지 효과를 크게 만들 수 있지만, 손실이 발생하는 시점에서는 몇 배의 손실이 발생합니다.

- 신용매수는 단기간에 적은 돈으로 크게 수익을 얻는 방법이니까 주식매수 후 일주일 이내 주가상승이 보이지 않으면 매도하고 다시 생각하세요. 주가 하락하는데 물려서 보유하면 담보부족 〈깡통계좌〉 됩니다.

11) 매매시점을 냉정하게 판단하라.

골프를 칠 때 18홀을 모두 이길 수는 없기 때문에 전략적으로 자기에게 제일 유리한 홀에서 강하게 배팅을 해야 합니다.

- 주식매매는 매매할 때마다 수익을 얻을 수는 없습니다.

수익을 얻을 수 있는 시점에서 집중적으로 매수를 하면서 수익을 극대화시키는 것이 중요합니다.

5. 주식시장의 매력

1) 뛰어난 환금성

오전 9시부터 오후 3시 30분까지 증권거래소를 통해서 거래소와 코스닥에 상장되어 있는 많은 종목을 언제나, 누구나 매매가 가능 하기 때문에 시장 외적인 리스크에 적극적으로 대응이 가능한 것이 장점입니다.

2) 투자수익에 대하여 세금부담이 없다.

부동산 매매에는 시세차익에 대한 세금과 부동산 보유에 대한 보유세, 등록 시에 부과되는 세금 부담이 있는 반면에 주식거래 시에는 증권회사에 지불하는 매매 수수료와 증권 거래세 이외에는 부과되는 세금이 없습니다.(일정부분 지분이 있는 대주주와 주요주주는 예외입니다.)

3) 단기간에 투자수익을 극대화할 수 있다.

주식시장 하루 변동 가능 범위는 전일 종가 기준으로 상한가 +30% 하한가가 -30%로 정해져 있기 때문에 하루에 최고 수익률은 60%까지 커질 수 있고, 실시간 재료에 움직이는 주식시장 특성상 연속 상한가를 기록하면서 단기간에 수익을 극대화할 수 있습니다.

4) 투자비율에 따라 사회적 지위 가능(대주주)

주식보유 비중에 따라서 회사경영에도 관여할 수 있고 주요 주주로서 사회적 지위를 행사할 수 있습니다.

5) 정보의 홍수

인터넷 매체를 통한 주식 정보제공, 전문 방송을 통한 실시간 주식정보를 통해서 누구나 쉽게 투자정보를 얻을 수 있지만 잘못된 정보를 가려 낼 수 있는 안목이 필요합니다.

6) 소액투자로 매매 가능

주식매매는 한 주 이상 매매 가능하기 때문에 소액투자로 재테크 가능합니다.

6. 주식투자로 돈을 벌 수 있는 사람

1) 자신의 능력에 맞는 투자

적은 자본으로 단기간에 큰 수익을 얻을 수 있다는 기대를 가지고하는 증권회사 신용거래나, 미수거래, 스탁론 등은 손실 발생시점에서는 그만큼 손실이 커질 수 있습니다.

주식매매는 적은 돈으로 큰 돈을 벌 수도 있지만, 과대한 욕심은 큰돈을 단기간에 잃을 수도 있습니다. 손실을 감당할 수 있는 범위에서 투자하세요.

2) 자신의 책임으로 주식선정을 할 수 있는 사람

인터넷이나 신문 방송에 노출된 수많은 정보는 주식투자하는 모든 사람이 알고 있기 때문에 정보로서 가치는 없습니다.

주가는 본질가치를 회복한다는 생각을 가지고 성장성, 내재가치 분석을 통해서 저평가 종목을 선별할 수 있는 노력과 능력이 필요합니다.

3) 매매시점을 냉정하게 판단할 수 있는 사람

하루에도 수없이 움직이는 주가의 변동을 보면서 수익을 얻으려고하는 조급함이 생길 수 있습니다.

자신만의 판단기준에 의해서 매매시점을 냉정하게 실천할 수 있는 자기만의 판단기준이 필요합니다.

4) 수익보다는 리스크 관리를 잘하는 사람(10승1패)

투자의 첫 번째 원칙은 "잃지 않는것"이고 두 번째 원칙은 "손해보지 않는것" 입니다. 주식매매를 하면서 수익을 얻는 기쁨보다 손해를 감당하는 고통이 8배 이상 크다고 합니다.

- 열 번 수익을 얻었다 할지라도 한 번 매매를 잘못해서 보유종목이 상장폐지가 된다면 순식간에 모든 것을 잃을 수 있습니다.

7. 주식투자 10계명

하나. 주식 매수는 단계적으로 조심스럽게 한다
둘. 과감한 손절은 또다른 시작이다
셋. 주식보다 현금보유를 즐겨라(주가 상승하는 날짜보다 하락하는 날짜가 더 많다)
넷. 주식투자는 자신과의 싸움이다.
다섯. 주식투자에서 실패 없는 성공은 없다.
여섯. 매매수익금은 이익금이 아니라 위험보험금이다.
일곱. 종잣돈을 보전하라.
여덟. 친구따라 장에 가는 뇌동매매는 절대 안된다.
아홉. 주식투자에서 욕심은 항상 실패하기 마련이다.
열. 주식투자에서 겁쟁이는 항상 뒷북만 친다.

* 레밍징후군 조심~

- 노르웨이에 살고있는 레밍이란 쥐는 생존에 위협을 느끼면 밤에 집단이동을 시작하는데 바다가 있는 벼랑끝에서 한마리가 뛰어내리면 집단으로 따라서 뛰어 내린다고 합니다. 레밍징후군이란 "다른 사람이 하니까 나도 한다."라는 쏠림현상을 의미합니다.

5장

HTS 활용법

* 주식매매를 하기 위해서 컴퓨터에서 거래하는 증권회사 HTS(Home Trading System) 을 다운로드 받거나 핸드폰에서 MTS(Bobile Trading System) 을 다운로드 받아서 사용합니다.

* 주식매매를 하기 위해서 해당종목으로 재무구조, 실적, 업종, 생산품목, 대주주정보 등 정보를 찾고 시장참여자별 매매동향, 해외주식시장 변화 등등 실시간으로 나오는 주식시장 뉴스 정보를 HTS를 통해서 찾을 수 있습니다.

* HTS에 있는 정보찾기와, 분석방법 등만 잘 활용을 할 수 있다면 특별하게 다른사람에게 의존하지 않으면서 매매종목에 따른 수익을 높일 수 있습니다.

* 모든 것이 처음부터 쉽지는 않겠지만, 반복적으로 연습을 하고 여러가지 메뉴를 찾다보면 여러분이 매매를 하면서 수익을 높이는 방법을 스스로 습득하게 될 것입니다.

* HTS를 접속하면 수많은 메뉴가 나오게 되는데 메뉴 하나 하나 클릭 하면서 사용방법을 스스로 체험하고 자주쓰고 필요한 메뉴는 종합환경설정에서 즐겨찾기로 입력하세요.

* 각 증권사마다 HTS메뉴가 조금씩 다르기는 하지만, 순서만 바뀌었을 뿐이고 기본적으로는 비슷한 기능으로 구성되어 있고 각 메뉴마다 고유번호가 있습니다.

* 공부를 하시고 이해가 되지 않는다든지 메뉴를 찾는 데 어려움이 있으시면 각 증권사 콜센터에 전화하세요.

* 콜센터에 HTS에 대해서 상담할 때는 메뉴별 번호를 물어보는 것이 좋습니다.

* 지금부터 상단의 메뉴를 하나씩 살펴보도록 하겠습니다.

많은 메뉴를 모두 한 번씩 기능을 확인하고 필요한 것은 메모를 했다가 내 화면을 구성할 때 유용하게 사용하시기 위해서는 각 메뉴의 번호를 기억하는 것이 중요합니다.

1. 종합환경 설정

왼쪽 상단 첫번째 〈기능〉을 틀릭하면 〈종합환경설정〉이 나옵니다.

〈화면설정〉에서 〈시작화면〉은 프로그램 종료 시 최종화면으로 설정 해놓으면 HTS가 다시 접속하면 종료시점에서 보았던 메뉴가 그대로 나옵니다.

〈기타설정〉〈보안설정〉은 초기설정 그대로 하는 것이 편하고 〈단축키〉는 각자 자주 쓰는 메뉴를 등록해두면 단축키 한 번으로 원하는 화면을 볼 수 있습니다.

〈메뉴설정〉에서는 자주 쓰는 메뉴를 순서대로 등록해 놓으면 HTS상단 화면에 순서대로 배열이 되어서 메뉴를 한 번 클릭으로 화면에서 바로 볼 수 있습니다.

〈신호 및 알람〉은 소리 음성 안내, 장시작 메세지, 서킷브레이크 사이드카 발동을 설정해 놓으면 조건에 맞는 시장 변화에 따라서 알림을 받을 수 있습니다.

〈종합정보 화면〉에는 공지사항, 시장종합, 관심종목, 시황센터, 공인인증서 관리 등이 있습니다.

* 종합환경 설정은 각자 편리하게 설정을 하세요~

2. 주식주문 설정

주식 매수 매도를 하기 위한 메뉴입니다.

주식종합주문, 주식알파형주문, 주식스피트주문, 주식복수주문 등 여러가지 메뉴가 있으니까 클릭해서 화면을 보고 자기에게 가장 잘 맞는 주문메뉴를 종합화면에 등록해 놓고 클릭 한 번으로 편리하게 사용하세요.

〈현재가〉 화면에서도 매수매도 주문을 넣을 수 있습니다.

주문화면에서 매수주문은 바탕화면이 분홍색이고 매도주문은 바탕화면이 파랑색입니다.

빠르게 매수 매도 주문을 넣다가 매수주문을 매도로 매도주문을 매수로 반대로 넣는 경우가 있습니다.

매수 매도 주문 후에는 〈정정〉 화면을 확인해서 매수 매도 주문이 정상으로 되어 있는지 확인하고 매수매도 주문 체결 후에는 주식잔고 화면에서 꼭 확인하세요.

매도주문이 반대로 입력되어서 원하지 않은 주식 매수가 되었다면 확인 즉시 매도하세요.

경험상 매수가 매도로 잘못되어도 현금이 있으면 새로운 주식을 매수할 수 있는 기회가 있지만 매도를 매수로 잘못 입력되어서 원치않는 주식을 보유하면 주가 하락하면서 손실폭이 커집니다.

매수주문에서는 현금, 신용 두 종류가 있으니까 주문 전 확인하세요.

3. 계좌잔고

종합계좌잔고통합조회, 보유계좌내역, 위탁, 저축 계좌잔고 통합조회, 거래내역, 체결조회, 신용잔고 등 여러가지 메뉴를 한번씩 클릭해서 보고 자기가 편한 메뉴를 종합화면에 등록하세요.

실시간으로 매수 매도 후에는 체결조회 확인해서 거래가 내가 원하는 방향으로 정상적으로 이루어졌는지 확인하고 신용매수 거래 하는 사람은 주가 하락 시점에서 담보부족으로 반대매도가 발생하지 않는지 확인하세요.

경험상 반대매도 발생시에는 주가 손실이 작은 종목 매도해서 담보비율 높이지 말고 반대매도를 발생하게 한 종목 매도해서 담보비율 관리를 하세요.

주식결제는 3일 결제 시스템으로 보유현금보다 매수주문이 추가되어서 3일 후에는 미수가 발생할 수 있습니다.

주식시장 마감 후에는 잔고확인 메뉴에서 미수발생이 되어 있지 않은지 확인하세요.

잔고확인 메뉴에서 D+2일 잔고가 현재 내가 사용할 수 있는 현금입니다. D+2일 잔고가 마이너스로 기록 되어 있으면 미수가 발생된것이니까 현금을 추가로 입금하든지, 보유주식을 매도해서 현금을 확보해야 합니다.

4. 주식

현재가 화면에서는 실시간으로 변하는 주식현재가격, 거래대금, 자본금, 상장주식수, 시가총액, 외국인지분, 상한가, 하한가, 당일시초가, 당일고가, 당일저가, 결산원, 대용가, 단일매매 거래원, 일별 주가 등을 확인할 수 있습니다.

업종별지수 화면에서는 거래서, 코스닥 업종별 지수를 확인하면서 오늘 상승업종, 하락업종을 확인할 수 있습니다.

섹터분석 화면에서는 조선, 종합상사, 페인트, 제대혈, 생명보험, 재택근무, 제지, 통신, 석유화학, 5G, 백화점, 온실가스, IT, 제약 등등 테마섹타별 관련 종목 개별주가를 확인할 수 있습니다.

시세분석 화면에서는 거래량증가 상위종목, 거래급등/급락종목, 잔량율급변종목, 상한가/하한가 직전종목, 상한가/하한가 이탈종목, 체결강도급증 종목, 골든/데드 크로스 발생종목, 변동성환화장치 발생 종목 등 당일 주가 변동폭이 커지는 종목을 확인할 수 있습니다.

순위분석 화면에서는 고PER/저PER종목, 상한가/하한가종목, 상승/하락률 상위종목, 신고가/신저가 종목, 거래량상위종목, 우선주 괴리율 상위종목, 시간외 단일가 순위, 회전율 상위종목 등 주가별 상승 하락 순위를 확인할 수 있고, 단기 매매 대응에 필요한 자료를 얻을 수 있습니다.

5. 차트검색

종목별 주가변동을 한눈에 볼 수 있는 차트보기에서는 일봉, 주봉, 월봉, 년봉을 볼 수 있고 각종 보조지표를 설정해서 기술적 분석에 참고 자료가 될 수 있습니다.

보조지표 설정 방법은 차트보기 화면에서 마우스 오른쪽 버튼을 클릭하고 변동성지표 모멘텀 지표, 가격지표, 거래량지표, 심리적 지표 등 자기자신에게 필요한 보조지표를 설정할 수 있습니다.

너무 복잡하게 여러가지를 설정하지 말고 꼭 필요한 지표를 설정 하세요.

- 더 자세한 내용은 〈주식교과서 2편〉에서 공부합니다.

6. 시황센터

종합시황 화면에서는 종목을 입력하면 실시간으로 보도되는 종목별 뉴스와 종목별 공시정보를 볼 수 있고 특정 단어(예를 들어 외국인)를 입력하면 특정 단어와 연관된 기사를 실시간으로 볼 수 있습니다.

- 보유종목에 대한 뉴스는 여기서 대부분 모두 확인할 수 있습니다.

해외증시 화면은 전세계 주식시장에서 보도되고 있는 뉴스와 해외주식 종목별 실시간 가격, 외환, 금리, 해외증시 일정 등 해외증시 전반적인 상황을 확인할 수 있습니다.

한경컨센서스 화면에서는 국내외 증권사 애널리스트가 제공하는 기업분석, 산업분석, 시장분석, 경제REPORT, 기업정보 등 레포트를 볼 수 있습니다.

상장기업분석 화면에서는 기업개요, 매출액, 영업이익등 재무제표, 부채율, 유보율, 영업이익증가율 등 재무비율, PER, PBR, EPS, 배당성향 등 투자지표, 지분분석, 거래소공시, 금감원 공시 등 종목별 전반적인 분석자료를 볼 수 있습니다.

- 상장기업분석에서는 매출액, 영업이익, 매출총이익, 금융수익, 단기순이익, 지배주주 순이익, 비지배주주순이익, 부채비율 등을 중점적으로 확인하세요.

매출액은 증가하는데 영업이익이 감소하는 회사, 영업이익이 2년 이상 적자지속 하는 회사, 부채비율이 증가하는 회사, 지배주주 순이익이나 비지배주주 순이익이 적자지속하는 회사는 주식매수를 심사숙고하세요.

7. 사이버(온라인)상담

은행이체/계좌대체 화면에서는 타 금융기관에 송금이나, 동일증권회사 계좌송금을 실시간으로 할 수 있지만 개인별 설정에 따라서 일회이체한도금액과 일일이체한도금액이 설정되어 있습니다.

이체한도는 변경할 수 있지만 해킹 등 금융사고를 대비해서 최소수준으로 설정하는 것이 좋습니다.

계좌대체는 보유주식을 다른 계좌로 증권을 이체하는 화면입니다. 증권회사별로 이체 시간이 정해져 있으니까 확인하세요.

> **배현철의 꿀팁**
> 송금, 증권대체 실시 후에는 즉시 이체내역 조회를 꼭~ 하세요

개인정보 화면은 개인별 이체한도, 고객주소등록 해지, 사고등록 등 개인정보를 등록하는 화면입니다. 보안을 위해서 과다한 개인정보 노출은 삼가하세요.

청약/유상 화면은 기업공개 공모주청약, 유상증자 청약을 할 수 있는 화면입니다. 공모주청약은 개인별, 증권사별 청약 한도와 배정 비율이 다를 수 있습니다.

OTP/보안카드, ID관리, 인증서관리 화면은 해킹을 방지하기 위한 개인정보 관리입니다. 가장 중요합니다.

8. 관심종목 등록

관심종목 등록은 그룹명을 입력하고 자신이 보고 싶은 종목을 순서대로 입력해서 그룹별로 전환하면서 실시간으로 볼 수 있습니다.

관심종목은 너무 많은 종목을 등록하지 말고 각자 평생 매매할 수 있는 종목 50개 이내로 선택과 집중하고 같은 종목에 대해서 실시간 전해지는 뉴스나 공시내용, 실적, 대주주 지분 변경 등을 확인하면서 매매시점을 확인하세요.

같은 종목을 3년 이상 계속 관찰하고 있으면 종목별 특성이나 주가 움직임을 알 수 있습니다.

9. 모니터 화면구성

HTS우측 상단을 보면 1~8번까지 번호가 있습니다.

화면을 8개까지 변경하면서 볼 수 있으니까

1번화면은 업종차트

2번화면은 종목별 주가현재가 차트

3번화면은 실시간 매매주체별 매수 매도 현황

4번화면은 종합시황

5번화면은 상장기업분석

6번화면은 관심종목

7번화면은 종목별 투자동향

8번화면은 이체 청약 등으로 설정해서 보세요.

* 화면별 설정은 각자 필요한 내용으로 하세요.

6장

기술적 분석

주식가격은 재료와 수급으로 움직이는데 수급환경을 분석하는 것을 기술적 분석이라고 합니다. 시장참여자들이 주가를 긍정적으로 보고있는지, 부정적으로 보고 있는지 매매심리를 표현한 것이 캔들 차트입니다.

기술적 분석은 현재 나와있는 호재, 악재가 주가에 이미 반영을 하였고, 매수 매도 세력의 힘의 방향만을 생각하면서 단순하게 "수급논리"로 주가의 방향을 분석하는 방법입니다.

- 단타매매를 하는 데이트레이더는 캔들 차트의 방향만 보고 단기간에 매매를 합니다만, 차트분석이 매일 동일한 환경으로 동일하게 움직이는 것은 아닙니다.

기술적 분석은 기본적 분석에 비해서 단순하고 빠르게 대응이 가능하다는 장점이 있지만, 해석하는 사람에 따라서 달라질 수 있기 때문에 자기만의 기준과 판단 능력을 처음부터 정립을 잘 해야 합니다.

기술적 분석은 해석하는 사람에 따라서 대응방법이 다를 수 있기 때문에 기술적 분석(차트분석) 만을 맹신하지 말고 기본적 분석을 기초로 기술적 분석으로 접목하는 것이 필요합니다.

1. 기술적 분석의 기본가정

1-1. 기술적 분석의 개념

주가를 움직이는 요인들은 여러가지가 있지만, 크게 나누면 재료와 수급으로 나눌 수 있습니다. 실적개선, 신약개발, 인수합병 등 주가에 영향을 줄 수 있는 새로운 소식을 정보 또는 재료라고 하고 주식시장에서 매수하는 사람이 많으면 올라가고 매도하는 사람이 많으면 주가는 하락한다는 관점이 수급입니다.

주가는 재료보다는 수급이 우선합니다.

아무리 좋은 재료가 있어도 매도하는 사람이 많으면 주식가격은 하락하고, 나쁜 정보가 있어도 매수하는 사람이 많으면 주식가격은 상승합니다.

증시격언에 호재가 반영 안 되면 팔아라~ 악재가 반영 안 되면 사라~ 는 것은 수급논리로 대응하는 방법입니다.

수요와 공급은 합리적, 비합리적인 많은 요인들에 의해서 움직이고 똑같은 재료에 따라서도 어떤 날은 호재로 반영하면서 주식가격이 상승하고, 어떤 날은 악재로 반영하면서 주식가격이 하락합니다.

- 주가는 비합리적인 요인으로 상승과 하락을 반복합니다.

주식가격은 시장이 결정한다는 생각으로 시장의 흐름에 따라서 기계적으로 매매 대응을 하는 것이 시장에 순응하는 매매대응 방법입니다.

내가 매수한 가격은 더이상 시장에 중요하지 않습니다, 너무 많이 빠져서 매도 못 한다는 생각을 하지 마세요.

1-2. 주가는 상당히 장기간 유지되는 동향에 따라 움직이려고 한다.

주식가격이 상승방향이나 하락방향으로 일정한 방향을 만들면서 움직이게 되는데 이것을 추세라고 합니다.

상승과 하락추세가 한번 만들어지면 그쪽 방향으로 지속하고자 하는 관성이 작용하기 때문에 적당한 가격에서 상승과 하락을 멈추는 것이 아니고 새로운 추세를 반대방향으로 만들기까지는 지속되고 갈 때까지 가야 멈추는 특성을 가지고 있습니다.

 주식가격이 많이 올랐다, 많이 하락했다는 생각은 내 생각이고 주가는 시장이 결정한다는 생각으로 대응이 필요합니다.

주식가격이 전고점을 돌파하면 신고가 행진을 지속하고, 주식가격이 전저점을 하향이탈하면 추가하락이 커지는 것이 특성입니다.

1-3 추세의 변동은 수요와 공급의 변동 때문에 일어난다.

"거래량은 주가의 그림자다."라는 증시격언이 있습니다.

주가 바닥권에서 거래량이 증가한다는 것은 시장참여자들의 관심을 받기 시작했다는 매매심리를 보이면서 "매수"시점으로 판단하고, 주식가격이 지속적으로 상승시점에서 많은 좋은 재료를 발표하면서 거래량이 급격하게 증가한다는 것은 매수한 세력이 고가에서 이익실현 매도를 하고 있다는 표시로 해석하면서 "매도"로 판단을 합니다.

보통 개인투자자들은 이때 추격매수하고 물리게 됩니다. 〈절대조심~〉

1-4. 수요와 공급의 변동이 발생하는 이유는 시장의 도표에 나타난다.

거래량 증가는 개별주식에 대해서 시장 참여자들이 관심을 보이기 시작했다는 시장 매매심리를 보여주는 것이고 거래량이 급속하게 증가한다는 것은 하락추세에서 상승으로 전환을 의미하기도 하고 상승추세에서 하락추세로 전환을 하는 변곡점에서 나타나는 현상입니다.

갭발생은 전일종가보다 급격하게 상승이나 하락으로 급등, 급락하는 것으로 캔들 차트에서 갭 발생은 다시 메우고 간다는 것이 정석입니다.

만일 상승갭 발생 후 조정을 받지 않고 갭을 메우지 않는 추가상승이 나온다면 주가 상승폭이 커질 수 있습니다.

음봉 발생은 시초가보다 종가는 하락하면서 시장참여자들이 매도를 하겠다는 매매심리를 표현한 것으로 해석합니다.

양봉 발생은 시초가보다 종가는 상승하면서 시장 참여자들이 매수를 하겠다는 매매심리를 표현한 것으로 해석합니다.

1-5. 도표의 패턴은 반복되는 경향이 있다.

주가는 상승과 하락을 반복하는 살아있는 생명체입니다.

주식시장은 새로운 테마를 만들고 시장참여자들의 관심을 받으면서 주도주나, 테마주로 형성되기도 하지만 테마는 영원히 지속되는 것이 아니고, 테마는 순환되는 특성이 있기 때문에 급등했던 테마주는 매수세력 빠져나가고 시간이 지나고 나면 주가는 원래 가격으로 돌아가는 습성이 있습니다.

- 급등했던 테마주 물려서 장기투자한다고 생각하면 안 돼요.

1-6. 도표는 해석하는 사람에 따라 다를 수 있습니다.

주식가격은 추세를 형성하면서 움직이고 추세선 하단과 상단을 반복하면서 상승과 하락을 이어가는 특성이 있지만 추세선은 그리는 사람에 따라서 해석이 다를 수 있습니다.

사람은 자기에게 불리한 재료는 외면하고 유리한 재료만 반영하고 싶어하는 특성이 있습니다.

추세선 그리기에서도 일정한 기준을 설정해서 추세선을 그리고 추세선을 하향이탈하면 매도하는 기계적인 매매대응이 필요합니다.

추세선을 이탈하면 잠깐 반등을 보이는 것이 일반적인 특성인데 이것을 다시 상승전환으로 생각하면서 대응하면 안됩니다.

추세선 그리는 방법은 뒤에 설명합니다.

추세선 그리기는 그리는 사람에 따라서 다를 수 있습니다.

추세선 그리기는 많은 실습과 경험이 필요합니다.

1-7. 캔들 차트 종류는?

하루에 한 개씩 그리면 일봉, 일주일에 한 개씩 그리면 주봉, 한달에 한 개를 그리면 월봉, 일년에 한 개를 그리면 연봉이라고 합니다.

단기 매매는 일봉·주봉을 참조하고 중·장기 매매는 월봉·연봉을 참조합니다.

장중단타매매를 하는 투자자는 3분봉, 5분봉, 10분봉을 참조해서 매매를 합니다.

- 설정하는 방법은 거래하는 증권회사 콜센터에 문의하세요.

1-8. 이동평균선

거래일수 5일간(1주일 거래일수) 주가를 평균해서 그리는 선을 5일 이동평균선이라고 하고

거래일수 20일간(1개월 거래일수) 주가를 평균해서 그리는 선을 20일 이동평균선이라고 하고

거래일수 60일간(3개월 거래일수) 주가를 평균해서 그리는 선을 60일 이동선이라고 하고

거래일수 120일간(6개월거래일수) 주가를 평균해서 그리는 선을 120일 이동선이라고 합니다.

5일 이동평균선을 단기 이동평균선이라고 하고

20일 이평선과 60일 이평선을 중기 이평선이라고 하는데

20일 이평선을 생명선이라고 하면서 20일 이평선 이탈은 추세 하락전환으로 해석합니다.

120일 이평선을 장기 이평선이라고 합니다.

2. 캔들 차트와 시장 이해

2-1. 캔들 차트

- 일본에서 개발, 가장 널리 사용함.
- 음양의 원리, 종가>시가이면 양봉, 종가<시가이면 음봉

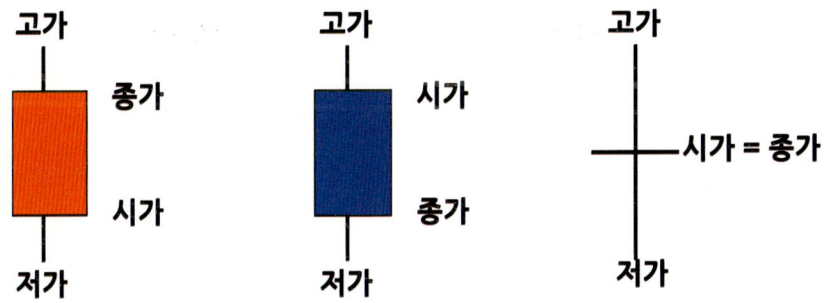

2-2. 캔들 차트 이해

캔들 차트는 시초가, 종가, 장중최저가, 장중최고가 4가지 조건으로 만들어집니다.

시초가보다 종가가 상승하면서 마감하였다는 것은 장중 시간이 지나면서 높은가격에 주식을 매수하겠다는 매매심리를 보여준 것으로 주가상승을 의미하고 시초가보다 종가가 하락하면서 마감 하였다는 것은 장중 시간이 지나면서 낮은 가격에 주식을 매도하겠다는 매매심리를 보여준 것으로 주가 하락으로 해석합니다.

캔들모양에서 몸통의 길이가 커진 것은 장중 주가변동폭이 커졌다는 것으로 주식가격이 추세 변화를 만드는 저점이나 고점에서 변곡점에서 나타납니다.

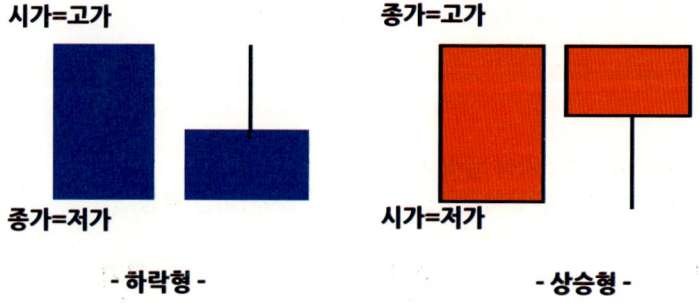

- 몸통의 크기는 매수와 매도의 힘의 크기
- 추세전환 시 몸통 크기가 커지면 완성도가 높다.

1) 상승형 캔들

- 적삼봉

양봉이 세 개를 만든 것을 적삼봉이라고 합니다. 양봉은 매수가 유입되면서 주가상승을 의미하는데 한 개보다는 두 개가 신뢰도가 커지고 양봉이 세 개를 만들면 그만큼 신뢰도가 커지면서 바닥권에서 나타난다면 주가상승 기대가 커집니다.

- 상승장악형

캔들모양이 음봉을 그리면서 주가 하락하다가 양봉이 나타나면 상승기대가 커지고 하락추세를 의미하는 음봉의 길이보다 양봉의 길이가 커지면 그만큼 매수가 강하게 유입되는 것으로 해석합니다.

- 상승잉태형

캔들 모양이 연속으로 음봉을 그리면서 주가 하락하다가 연속으로 나왔던 음봉의 몸통길이보다 몸통길이가 더 큰 양봉을 만든다면 주가 하락에서 상승으로 전환하는 상승을 준비하는 시점으로 해석합니다.

- 십자샛별형

캔들모양이 음봉을 그리면서 주가 하락하다가 캔들몸통이 축소되는 십자형을 만든 후에 몸통길이가 커지는 양봉을 만든다면 바닥권에서 반등을 시작하는 것으로 해석합니다.

- 사다리바닥형

캔들모양이 연속적으로 음봉을 만들면서 주가 하락하다가 연속으로 만들었던 음봉의 몸통길이보다 더 크게 양봉을 만든다면 사다리 바닥형으로 주가 상승전환으로 해석합니다.

적삼봉

주가상승기대가 커진다

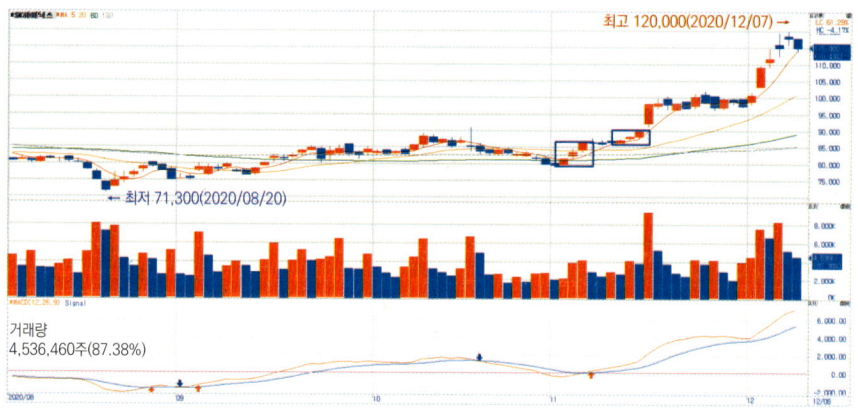

상승이태형

이틀 연속 음봉보다 몸통 길이가 더 큰 양봉을 만들고 주가 상승전환

88 · 주식 교과서

샛별형
바닥에서 상승전환

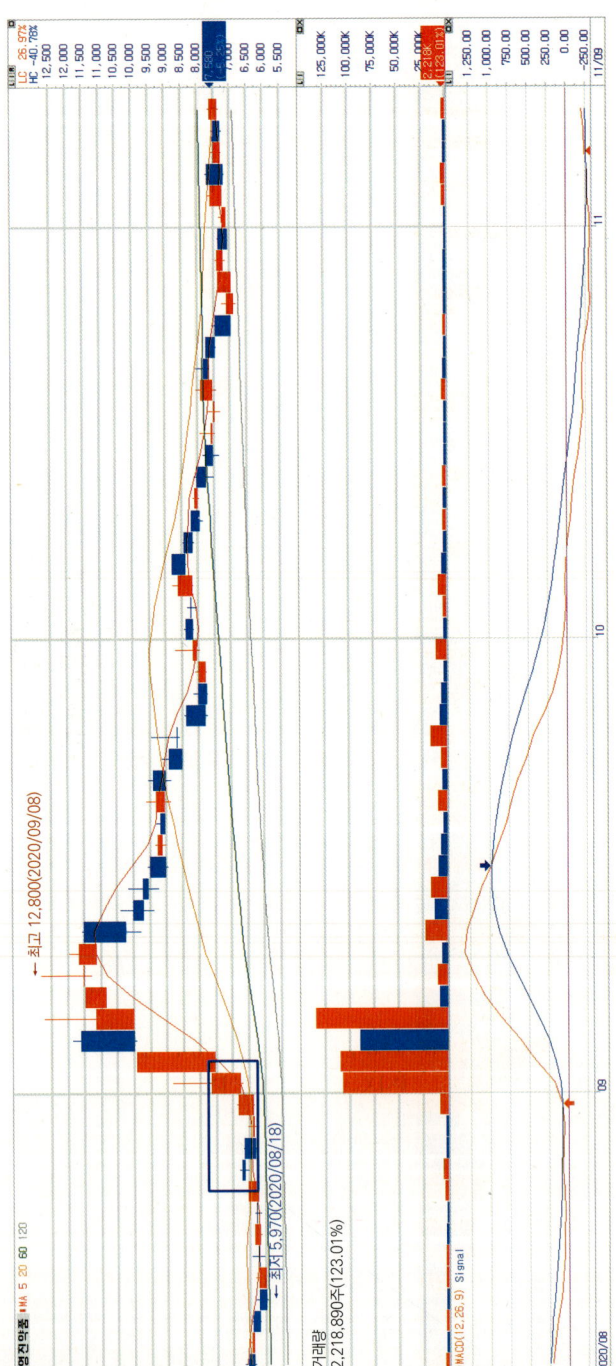

사다리바닥형

연속 음봉을 보이다가 장대양봉을 만들면서 상승

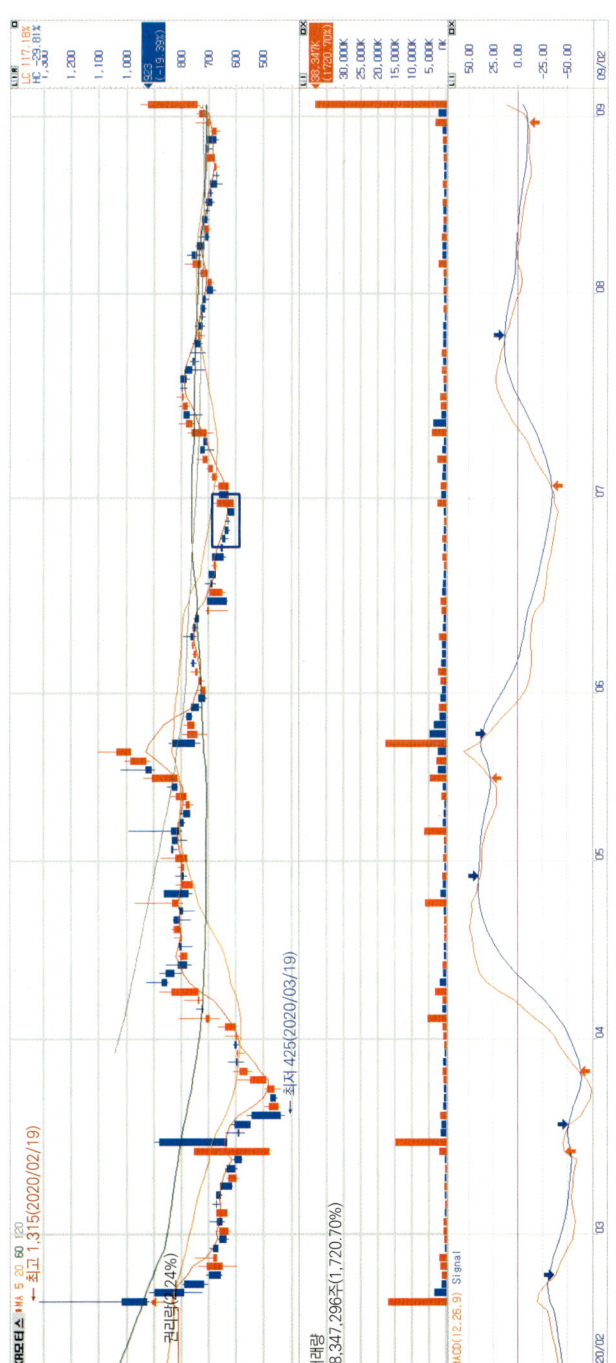

사다리타기형
4일간 음봉이 길이를 감싸는 장대양봉 발생

3. 캔들 차트 해석

캔들 차트는 시장 참여자들이 주가를 상승할 것으로 생각하면서 매수할 것인가, 주가를 하락할 것으로 생각하면서 매도를 하고 있는가를 표시해주는 심리적 표시입니다.

양봉의 의미는 시초가보다 종가가 상승으로 마감하였기 때문에 시간이 지나면서 시장의 매수세력이 강하게 들어왔다는 의미로 양봉출현은 주가상승으로 해석을 합니다.

음봉의 의미는 시초가가 고가로 형성된 후에 종가에 시초가보다 하락 하면서 마감을 하였기 때문에 시장의 매도 압력이 강하게 작용을 하면서 음봉출현은 주가하락의 의미로 해석을 합니다.

캔들 차트는 지금 주가에 영향을 미칠 수 있는 호재, 악재가 모두 주가에 반영되면서 시장참여자들이 주가를 예측하는 매매심리를 표현 한 것이기 때문에 단순하게 수급논리로 매매하는 데 필요합니다.

- 알고 있는 대로 기계적인 매매 대응이 필요합니다.

캔들 차트의 몸통의 길이는 주가의 변동폭을 나타내기 때문에 몸통의 길이가 길어졌다는 것은 주가 변동폭이 확대되면서 강하게 매수, 매도 세력의 매매가 이루어졌다는 의미로 주가 바닥에서 상승전환하는 변곡점이나 주가 고점에서 하락전환하는 변곡점에서 나타납니다.

1) 상승형 캔들 해석

양봉의 출현은 주가상승을 의미하지만 시점에 따라서 해석이 달라질 수도 있고, 연속출현의 횟수나 몸통의 길이, 꼬리의 길이, 전일 캔들의 모양과의 상관관계 등을 복합적으로 분석하면서 주가방향의 신뢰성을 예측합니다.

캔들 차트는 시장 참여자들의 매매심리를 읽어내는 방법이라는 시각으로 접근한다면 동일종목에 대해서도 시장 참여자들의 매매심리가 시시각각으로 달라지기 때문에 양봉의 개수가 많아질수록 주가상승 기대가 커질 수 있습니다.

전일 음봉이 발생하고 다음날 전일 음봉을 모두 감싸는 긴 양봉을 만든다면 강한 상승의 전환점으로 해석을 합니다.

음봉과 양봉이 연속적으로 발생하지만 음봉에 비해서 양봉의 모양이 크게 나타나면 상승전환으로 해석을 합니다.

주가 하락추세에서 연속해서 음봉이 발생 후에 그동안 연속했던 음봉의 길이를 모두 감싸는 긴 양봉의 출현은 강한 상승추세를 의미 합니다.

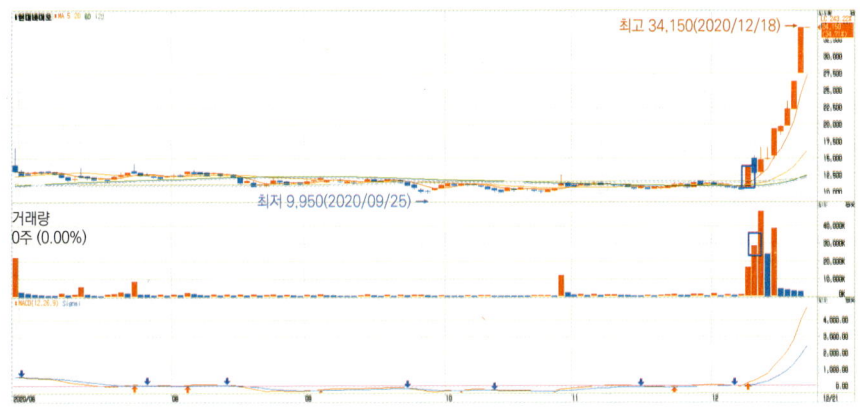

직전 거래일 음봉을 감싸는 장대 양봉 발생
최근 거래일 평균 거래량 이상 거래량 증가하면서 상승전환

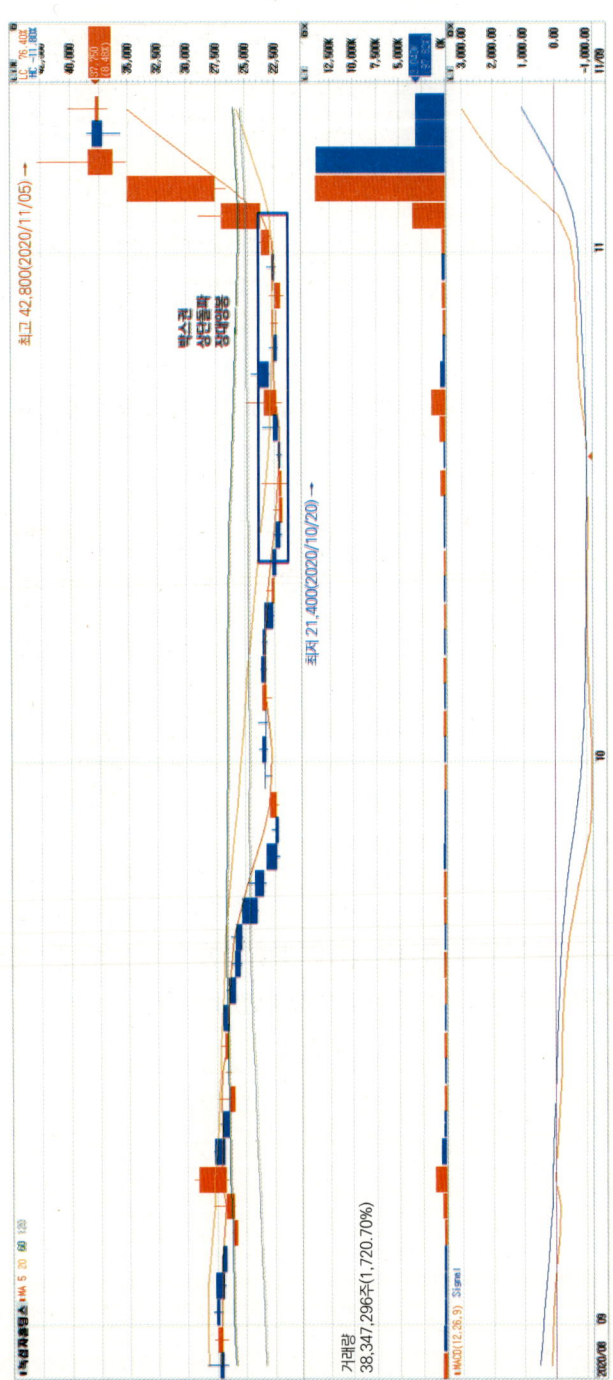

박스권 횡보는 에너지 비축기간 박스권 상단 돌파하면서 장대 양봉
바닥권에서 거래량 증가, 상승전환

2) 하락형 캔들 해석

음봉의 출현은 주가하락을 의미하지만 시점에 따라서 해석이 달라질수도 있고, 연속출현의 횟수나 몸통의 길이, 꼬리의 길이, 전일 캔들의 모양과의 상관관계 등을 복합적으로 분석하면서 주가방향의 신뢰성을 예측합니다.

캔들 차트는 시장 참여자들의 매매심리를 읽어내는 방법이라는 시각으로 접근한다면 동일종목에 대해서도 시장 참여자들의 매매심리가 시시각각으로 달라지기 때문에 음봉의 개수가 많아질수록 주가하락 압력이 커질 수 있습니다.

전일 양봉이 발생하고 다음날 전일 양봉을 모두 감싸는 긴 음봉을 만든다면 주가하락 압력이 커질 수 있습니다.

음봉과 양봉이 연속적으로 발생하지만 양봉에 비해서 음봉의 모양이 크게 나타나면 하락전환으로 해석을 합니다.

주가 상승추세에서 연속해서 양봉이 발생후에 그동안 연속했던 양봉의 길이를 모두 감싸는 긴 음봉의 출현은 강한 하락추세를 의미 합니다.

주가상승중 단기고점에서 장대 음봉 발생 - 매도 증가
긴 꼬리를 만드는 음봉 발생 - 매도 압력 증가 고점에서 거래량 증가 - 단기고점 신호

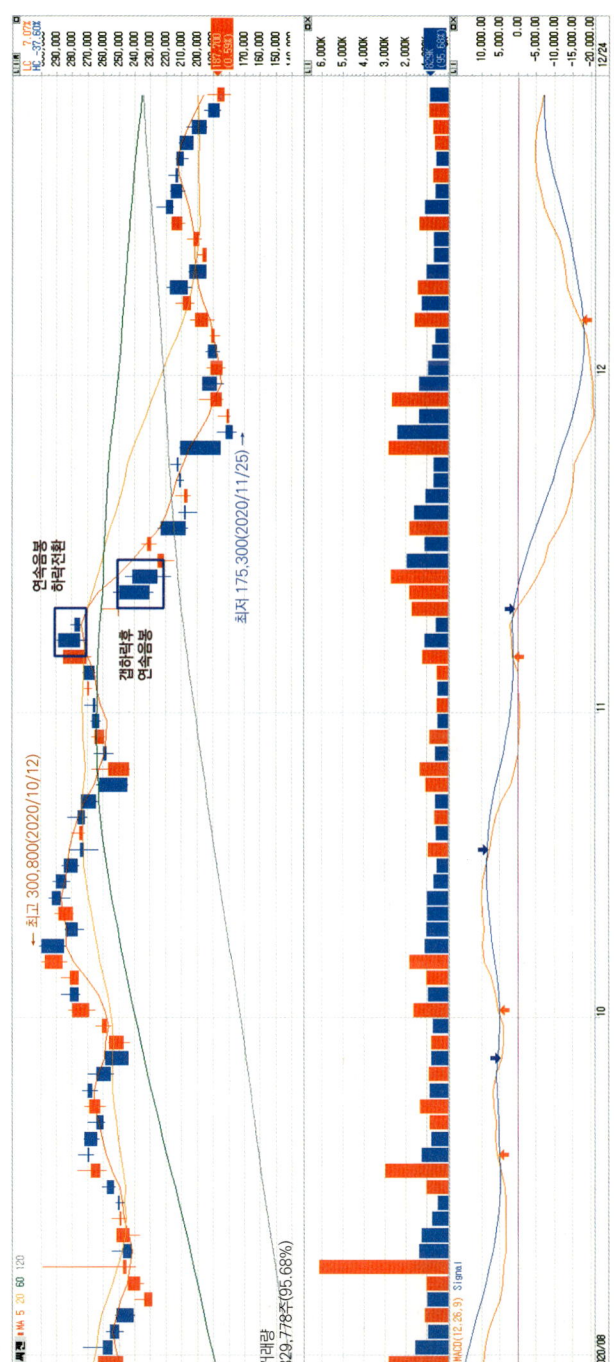

주가상승 중 장대음봉 발생, 연속 음봉 - 매도 압력 증가
갭 하락 - 주가 급락으로 매매심리 악화 다시 장대음봉 발생-주가하락 부담 증가

1편 기초 입문 · 97

4. 추세선 이해

주가는 상승과 하락을 반복하면서 움직이는 특성이 있고, 일정한 추세를 만들면서 상승과 하락을 지속하는 것을 추세라고 합니다.

상승추세는 캔들 차트 저점과 저점을 연결하거나, 고점과 고점을 연결해서 그렸을 때 상승 방향을 만드는 것을 상승추세 중이라고 해석합니다.

하락추세는 캔들 차트 저점과 저점을 연결하거나, 고점과 고점을 연결해서 그렸을 때 하락 방향을 만드는 것을 하락추세 중이라고 해석합니다.

가장 최근에 저항선으로 작용하였던 전고점 주가를 상향돌파를 하면 추세가 상승을 만들면서 주가가 상승추세전환으로 해석하고, 돌파된 저항선은 주가 하락시에 심리적 지지선으로 작용합니다.

*가장 최근에 지지선으로 작용하였던 전저점 주가가 하락 이탈을 해서, 하락추세를 만들면 주가 하락추세전환으로 해석하고, 이탈된 지지선은 주가상승 전환 시에 심리적 저항선으로 작용합니다.

*지지선과 저항선은 시점에 따라서, 보는 사람에 따라서 달라질 수 있기 때문에 자신만의 기준점을 정립하는 것이 중요

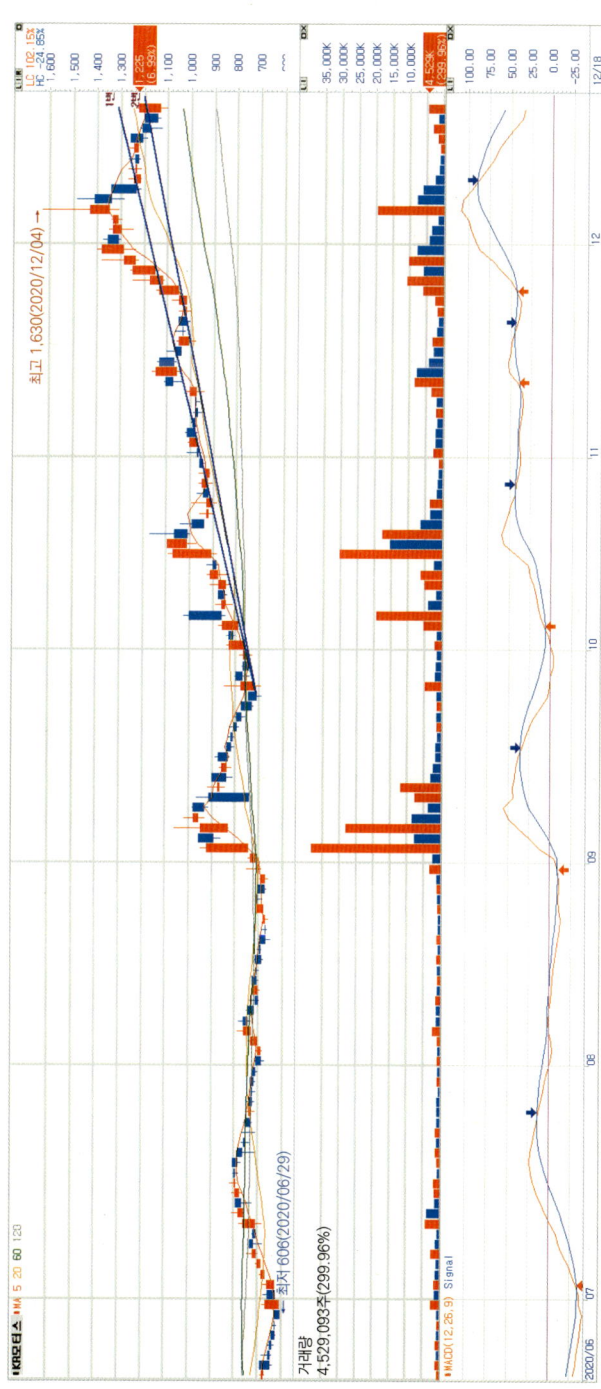

추세선 그리기는 1번과 같이 전저점을 지지선으로 그릴 수 있고, 두 번째 전저점을 지지선으로 연결해서 추세선을 그릴 수 있습니다. 개인별로 기준선을 설정해서 그리는 습관을 만드세요.

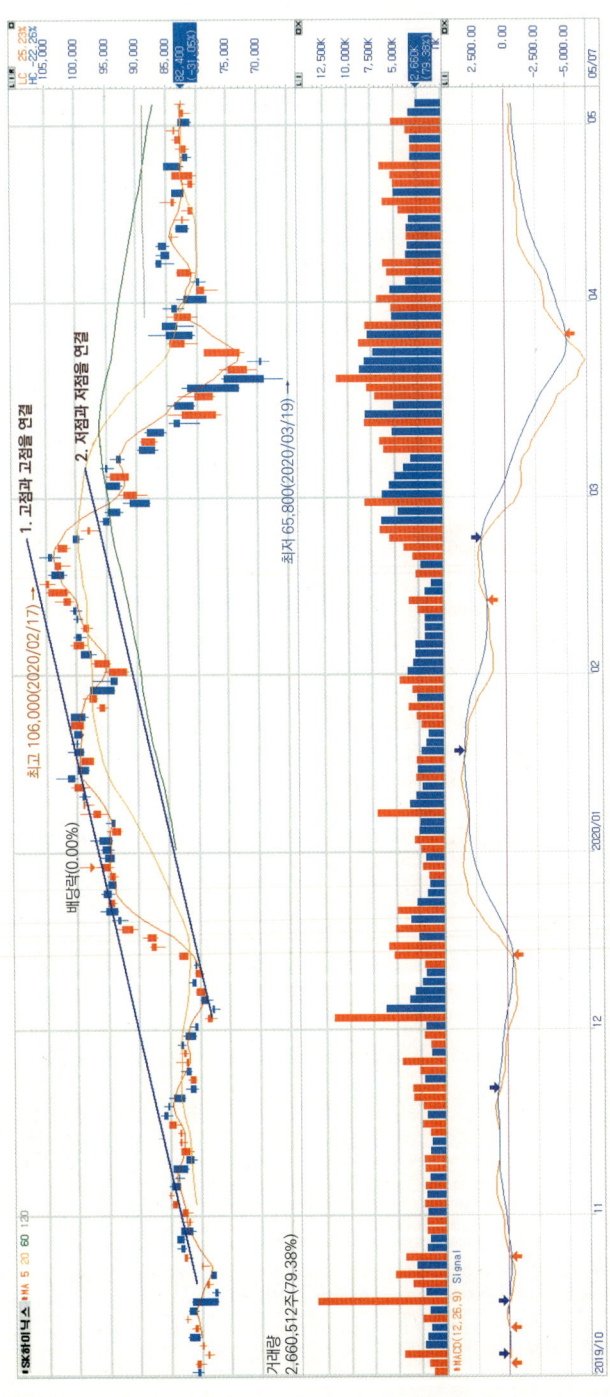

1번과 같이 고점과 고점을 연결해서 추세선을
그리고, 2번과 같이 저점과 저점을 연결해서 추세선을 그립니다.

4-1. 추세선 그리기

주가는 어느 기간 동안 일정한 방향으로 움직이는 경향이 있다. 이를 추세라 한다.

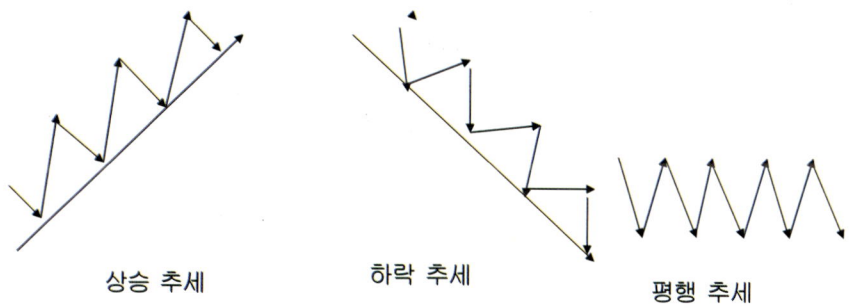

상승 추세 하락 추세 평행 추세

4-2. 추세의 연속성

* 추세는 상승이나 하락 방향으로 만들어지면 그쪽방향으로 지속하고자 하는 관성이 작용합니다.

캔들 차트의 저점과 고점을 연결해서 추세선을 그리고, 일정한 범위에서 주가가 움직이다가 박스권을 벗어나면 추세전환으로 해석을 합니다.

일정한 박스권을 만들고 있던 주가가 박스권 상단을 돌파하면 상승추세 전환으로 해석을 하고 주가가 박스권 하단을 이탈하면 하락추세전환으로 해석을 합니다.

박스권을 이탈한 주가는 강하게 그쪽 방향으로 움직이면서 새로운 추세선을 만들어 가는 경향이 있습니다.

* 하락추세에서 상승추세로 전환하거나 하락추세에서 상승추세로 전환하기까지는 일정한 시간이 필요합니다. 추세전환하고 주가는 급격한 상승이나 하락을 만들지 않으면서 박스권 횡보는 에너지 비축기간으로 해석합니다.

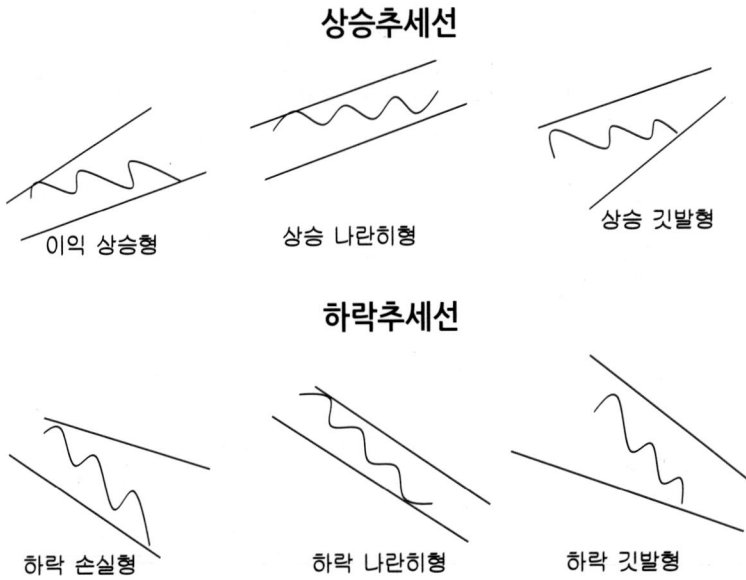

4-3. 추세변화(변곡점)

1) 대칭 삼각형 :

추세변화(가격변동폭이 감소, 추세 돌파 후 추세선은 지지선이나 저항선이 된다)

2) 쐐기형

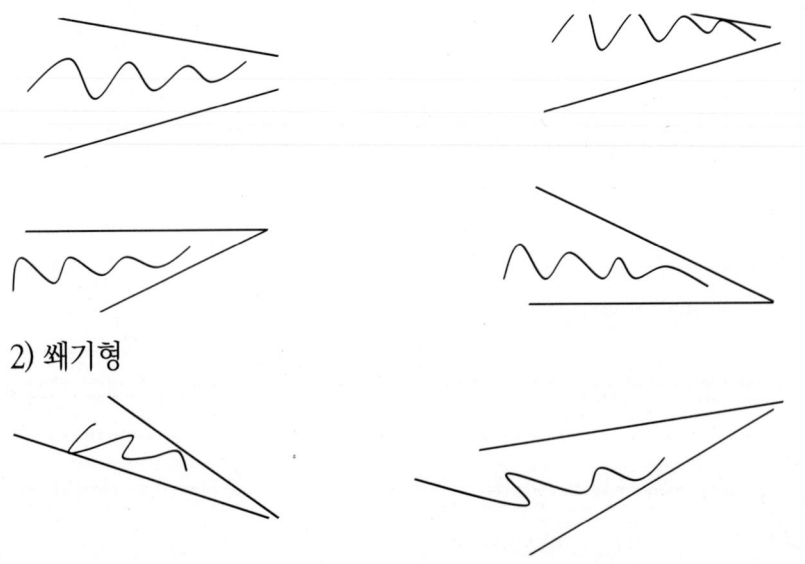

5. 지지선과 저항선

일정한 지점에서 횡보 또는 제한적인 움직임을 보이는 시점은 에너지 비축기간

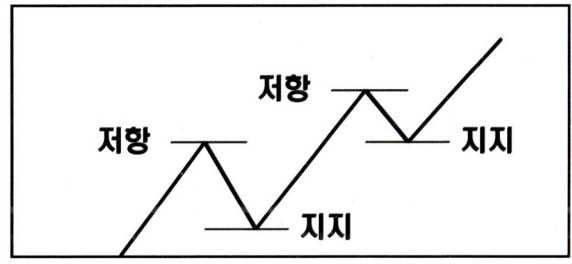

- 바로 직전에 나타난 최고점은 저항선
- 바로 직전에 나타난 최저점은 지지선
- 저항선이 상향 돌파되면 지지선으로, 지지선이 하향 돌파되면 저항선이 된다.
- 현재의 가격이 최소한 어디까지 움직일 것인가를 예측
- 지지선 지지나, 저항선 돌파에 실패했다면 "추세전환"으로 예측

* 가장 최근에 저항선으로 작용하였던 시점을 주가가 상향돌파를 하면 추세가 상승을 만들면서 주가가 상승을 하지만, 주가는 상승만을 하는 것이 아니고 상승과 하락을 반복하게 되는데 한번 돌파된 저항선은 주가하락 시에 지지선으로 작용을 합니다.

* 반대로 가장 최근에 지지선으로 작용하였던 시점을 주가가 하락 이탈을 하면서 하락추세를 만들면 단기간에 주가가 기술적 반등을 하더라도 하향이탈 지지선은 저항선으로 작용을 합니다.

* 기술적반등은 주가가 단기 낙폭과대 시점에서 단기 반등을 보이는 것으로 상승추세전환으로 해석하지는 않습니다.

* 지지선과 저항선은 주가가 상승과 하락을 반복하면서 최대한 어디까지 상승을 하고, 최소한 어디까지 하락을 할 것인가를 예측하는 수단으로 활용됩니다.

* 한번 돌파되었던 저항선이 지지선 역할을 못하면서 주가가 하락을 한다면 하락추세전환으로 판단하고, 하향이탈 되었던 지지선이 저항선으로 역할을 못하면서 강하게 돌파가 되면 상승추세전환으로 판단을 합니다.

* 지지선과 저항선은 시점에 따라서, 보는 사람에 따라서 달라질 수 있기 때문에 자신만의 기준점을 정립하는 것이 중요합니다.

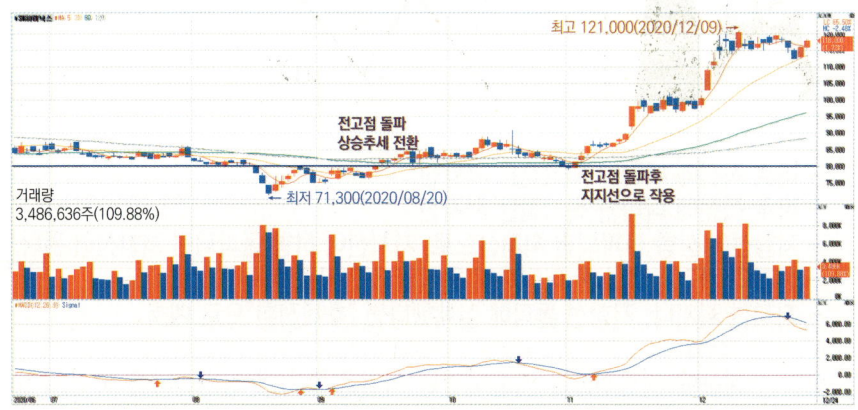

저항선으로 작용하였던 전고점 돌파하면서 상승추세 전환
주가 조정시점에서 상향 돌파되었던 전고점이 지지선으로 작용

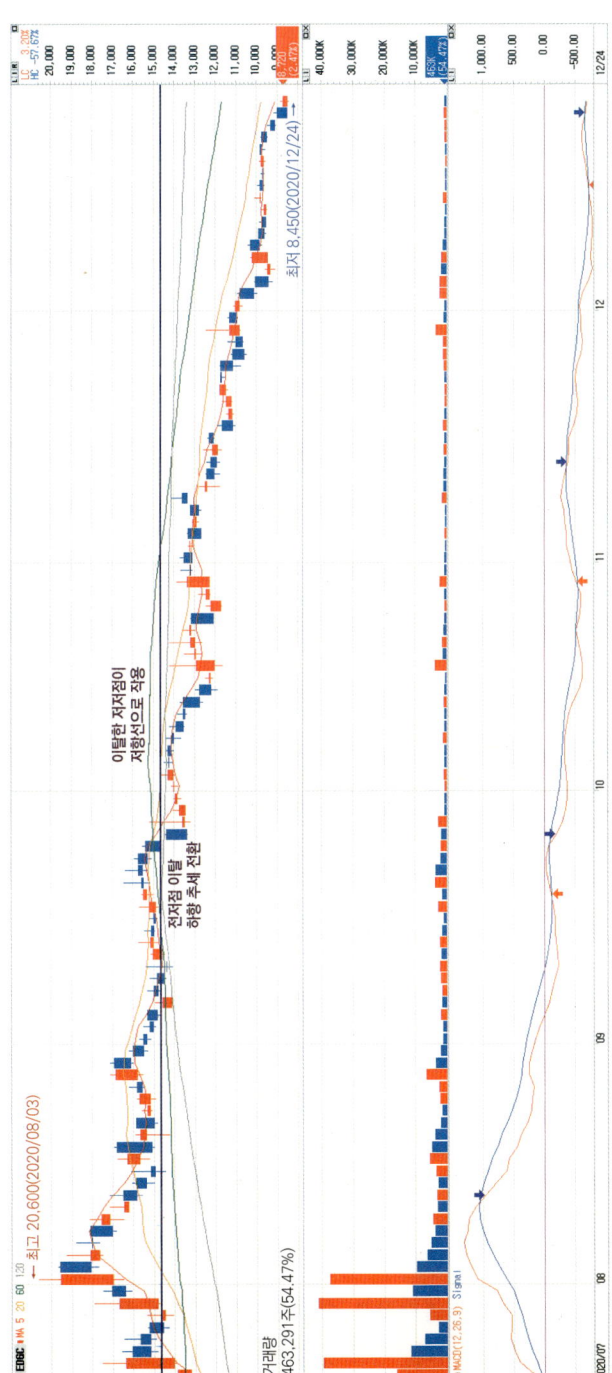

전저점을 하향이탈 하면서 하락추세전환 주가 하락 중 반등을 보이는 시점에서
하향 이탈한 전저점이 저항선으로 작용

6. 이동평균선 매매

1) 5일(1주일 거래일수) 동안 주가 평균가격을 선으로 이어놓은것을 5일 이동평균선이라고 하고 20일(1개월 거래일수) 동안 주가 평균가격을 선으로 이어놓은 것을 20일 이동평균선이라고 하는데 5일 이동평균선과 20일 이동평균선을 단기 이동평균선이라고 합니다.

특히 20일 이동평균선을 생명선이라고 하고, 이탈시는 손절가격으로 매매하기도 합니다.

2) 60일(3개월 거래일수) 동안 주가 평균가격을 선으로 이어놓은것을 60일 이동평균선이라고 하고 60일 이동평균선을 중기 이동평균선이라고 합니다.

3) 120일(6개월 거래일수) 동안 주가 평균가격을 선으로 이어놓은것을 120일 이동평균선이라고 하고 120일 이동평균선을 장기이동평균선이라고 합니다.

4) 주가 상승 추세 중에는 위에서부터 5일, 20일, 60일, 120일 이동평균선이 정렬하게 되는데 이처럼 단기이평선부터 장기이평선이 순서대로 배열되어있는 시점은 정배열이라고 하고 주가 상승추세 중에 나타나게 됩니다.

5) 주가 하락추세 중에는 위에서부터 120일, 60일, 20일, 5일 이동평균선이 정렬하게 되는데 이처럼 장기이평선부터 단기이평선이 순서대로 배열되어 있는 시점은 역배열이라고 하고 주가 하락추세 중에 나타나게 됩니다.

6) 주가 하락추세 중에 주가 상승을 시작하면 5일 이평선부터 상승하면서 5일 이평선이 20일 이평선을 상향돌파하게 되는 시점을 골든 크로스(Golden Cross) 발생이라고 하고 주가 상승 신호로 해석합니다.

골든 크로스는 단기이평선이 중기 이평선을 상향돌파하는 것을 의미합니다. 20일 이평선이 60일 이평선을 상향돌파하는 것, 60일 이평선이 120일 이평선을 돌파하는 것도 골든 크로스입니다.

7) 주가 상승추세 중에 주가 하락을 시작하면 5일 이평선부터 하락 하면서 5일 이평선이 20일 이평선을 하행 이탈하게 되는 시점을 데드 크로스(DeadCross) 발생이라고 하고 주가 하락 신호로 해석합니다.

데드 크로스는 단기이평선이 중기 이평선을 하향이탈하는 것을 의미합니다.

20일 이평선이 60일 이평선을 하향이탈 하는 것, 60일 이평선이 120일 이평선을 이탈하는 것도 데드 크로스입니다.

데드 크로스가 발생하면서 주가하락추세 중에도 단기적으로 반등을 보이면서 캔들 차트 양봉을 만들 수 있지만 데드 크로스 시점에서는 중장기적으로는 추세하락 중이기 때문에 빠진다고 추가 매수하면 손실폭이 커질 수 있습니다.

5일 이평선이 20일 이평선을 하향이탈하면서 데드 크로스가 발생 하는 시점에서 60일 이평선은 120일 이평선을 상향하는 골든 크로스가 나타날수도 있기 때문에 주식시장 현재 상황을 전반적으로 분석해서 주가 추가 하락인지, 일시적인 주가 조정시점인지를 판단해야 합니다.

5일 이평선이 20일 이평선을 하향이탈하는 데드 크로스가 발생 하고, 30일 이평선이 60일 이평선을 하향돌파는 연속적인 데드 크로스가 발생 하면 중,장기적으로 주가 하락이 진행되고 있는 것으로 판단합니다.

배현철의 꿀팁

골든 크로스가 발생하면서 주가 하락추세 중에도 주가 반등이 나올 수 있지만 전체 흐름은 상승추세 전환하기 전까지는 빠진다고 매수 보유 하면 안돼요.

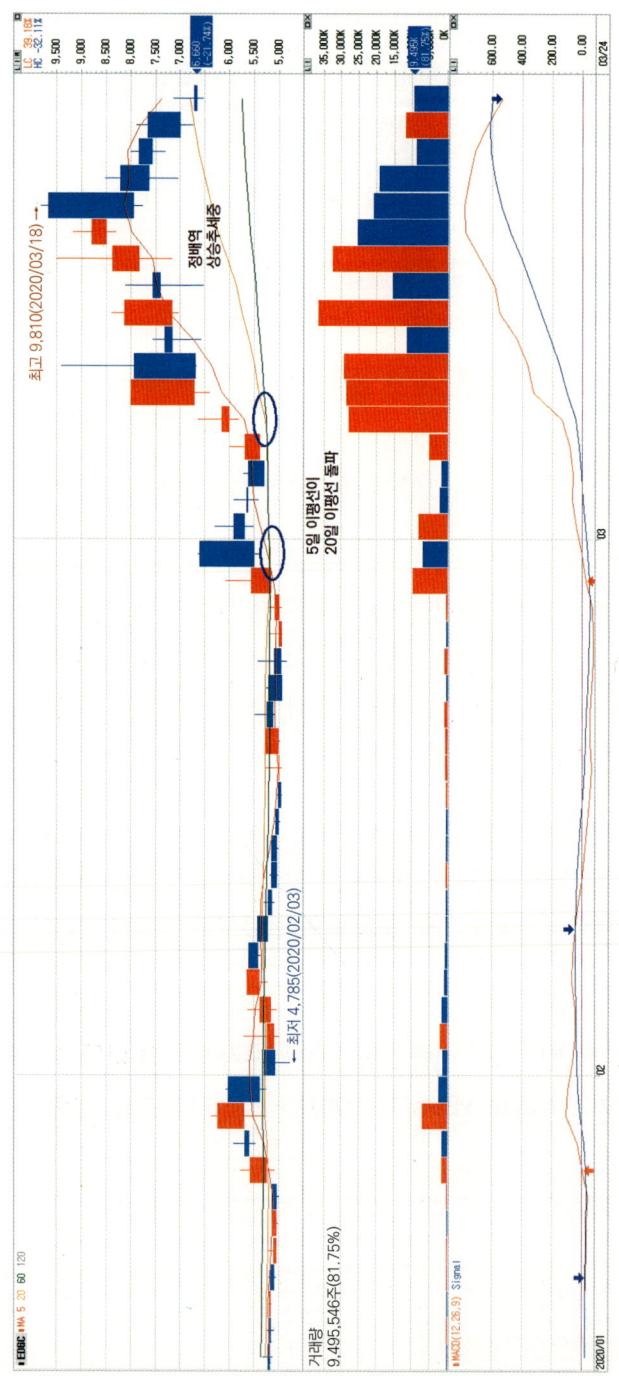

5일 이평선이 20일 이평선을 상향돌파 하면서 상승전환
20일 이평선이 60일 이평선을 돌파하면서 정배열 유지 상승추세 중

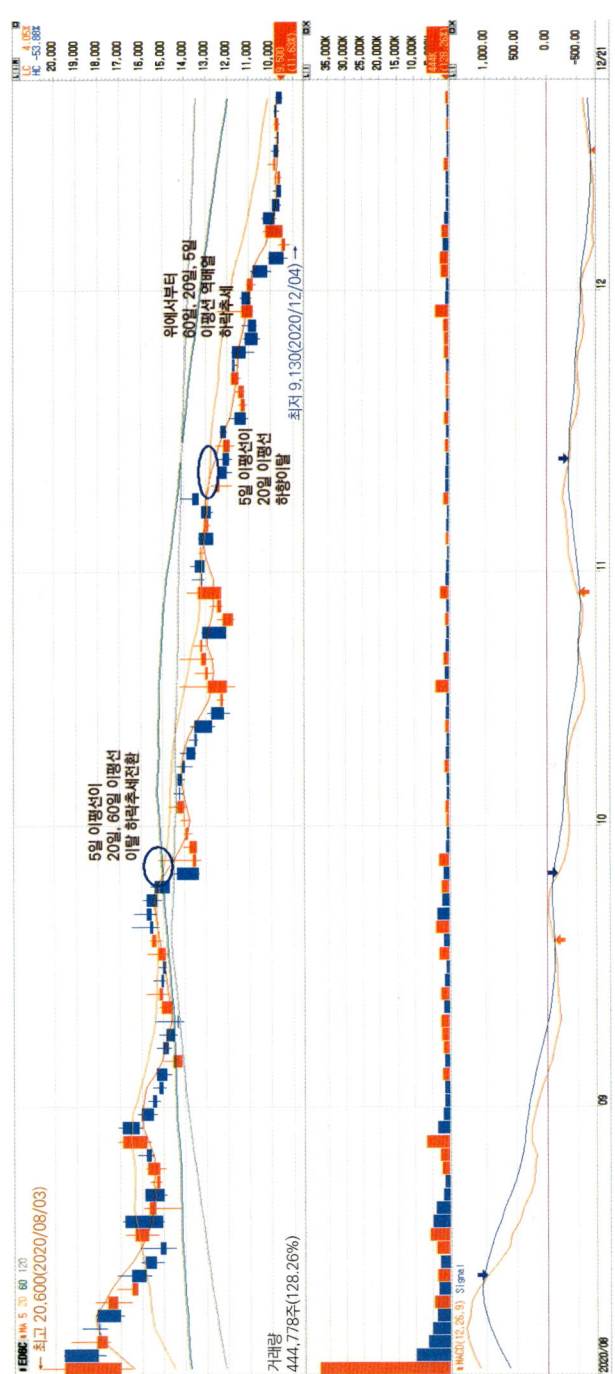

5일 이평선이 20일 이평선, 60일 이평선 하향 이탈~데드 크로스
위에서부터 60일, 20일, 5일 이평선 배열~역배열, 하락추세

헤드 앤드 숄더 형

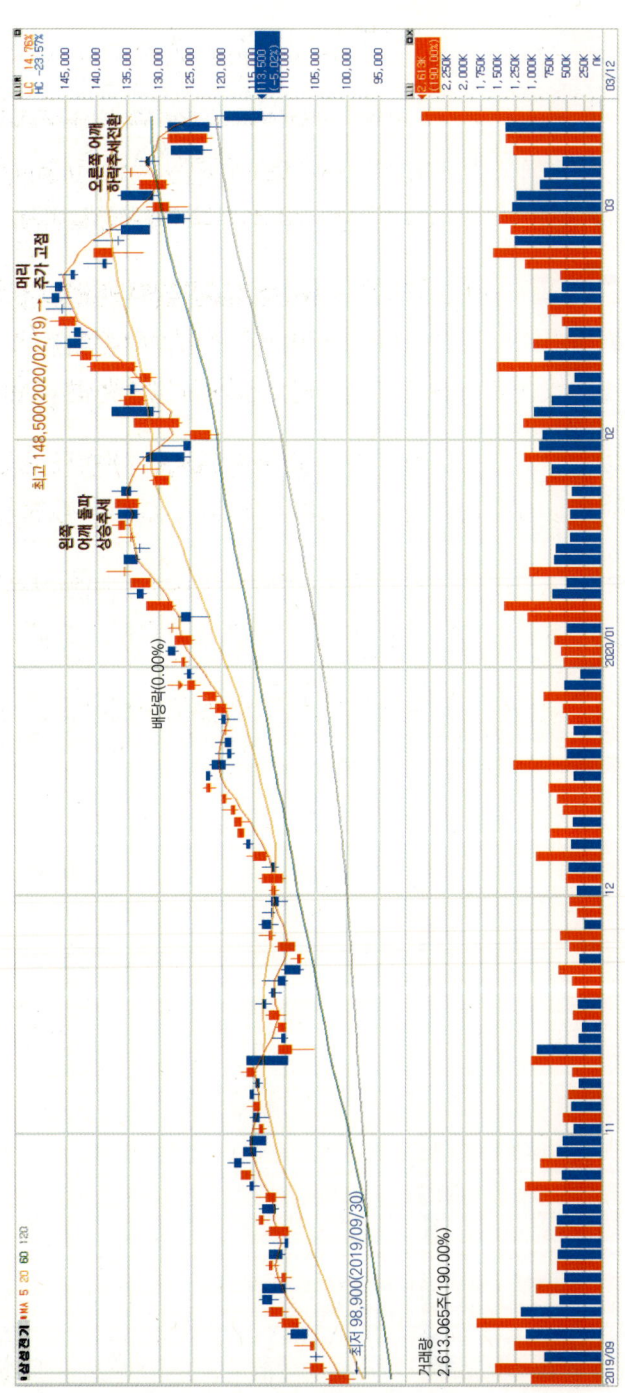

1차 상승 후 매도가 증가하면서 조정 60일 이평선을 지지선으로 다시 상승 후 저고점 돌파 최고가 기록,
최고가 기록후 매도가 증가하면서 2차조정 다시 상승을 시도하지만 전고점 돌파 실패 하락추세전환(설거지 피동)
왼쪽어깨(상승중)~ 머리(주가 고점)~ 오른쪽 어깨(하락추세 전환)

110 · 주식 교과서

7. 보조지표

캔들 차트는 주식시장 참여자들의 매매심리를 표현한 것으로 매수를 할 것인가 매도를 할 것인가 판단하는 기준으로 생각하지만, 주식시장으로 돌발변수에 따라서 주가는 변동할 수 있고, 세력의 매매에 따라서 캔들 차트가 인위적으로 만들어질 수 있습니다.

캔들 차트의 신뢰성을 높이기 위해서 보조지표를 활용하는데 추세지표, 변동성지표, 모멘텀지표, 시장강도지표, 가격지표, 거래량지표 등 수도 없이 많지만, 기본적인 것을 이해하고 자기에게 잘 맞는 것을 선택하면 됩니다.

> **배현철의 꿀팁**
>
> 내 경험으로 가장 잘 맞는 보조지표는 인간지표입니다. 주식보유하고 있는 사람이 힘들어 하면서 반등만 나오면 매도하겠다는 매매심리를 보이면 주가 바닥이고 주식보유하고 있는 사람이 주가상승한다고 좋아서 웃음만 나오면서 온통 좋은 소식으로 많은 사람들이 주식상승한다고 합창 나오면 주가 고점입니다. 인간지표 되면 안돼요~~

7-1. MACD

MACD지표는 주식이 상승추세인지 하락추세인지 추세를 알아보는 지표로서, 주가 이동평균선을 이용해서 주가 추세전환점을 찾는 지표입니다.

주가는 상승하면 내려오고, 하락하면 다시 상승하는 회귀성을 이용한 지표로 단기이동평균선과 장기이평선간에 이격률을 이용한 지표입니다.

MACD곡선 : 단기주가 이동평균선(보통 12일) - 장기 주가 이동평균선(보통 26일) SIGNAL 곡선 : N일(보통 9일)의 주가 이동 평균선

MACD지표 활용방법

MACD선이 SIGNAL선 상향돌파는 골든 크로스 발생으로 상승추세전환으로 판단 하면서 매수

MACD선이 SIGNAL선 하향이탈은 데드 크로스 발생으로 하락추세전환으로 판단하면서 매도

MACD선 단기주가평균선 12일과 장기주가평균선 26일은 조건에 맞게 변경이 가능하고 SIGNAL선의 9일 이동평균선도 조건변경이 가능합니다.

여러가지를 적용해보고 자기에게 맞는 조건을 찾아서 활용하세요.

다이버전스 발생

보통은 캔들 차트와 보조지표가 상승추세나 하락추세와 동일하게 나타나게 되는데, 주가 고점이나 주가 저점에서 캔들 차트와 보조지표가 반대 방향으로 나타나는 경우를 다이버전스라고 하고

다이버전스 발생 후

주가가 상승이나 하락으로 방향을 전환하면 강력한 에너지가 분출됩니다.

캔들 차트는 상승추세 중인데 MACD는 하락추세를 표시하다가 캔들 차트와 MACD지표가 다시 상승으로 동일방향으로 표시를 하면 주가 상승폭이 커지고

캔들 차트는 하락추세 중인데 MACD는 상락추세를 표시하다가 캔들 차트와 MACD지표가 다시 하락으로 동일방향으로 표시를 하면 주가 하락폭이 커집니다.

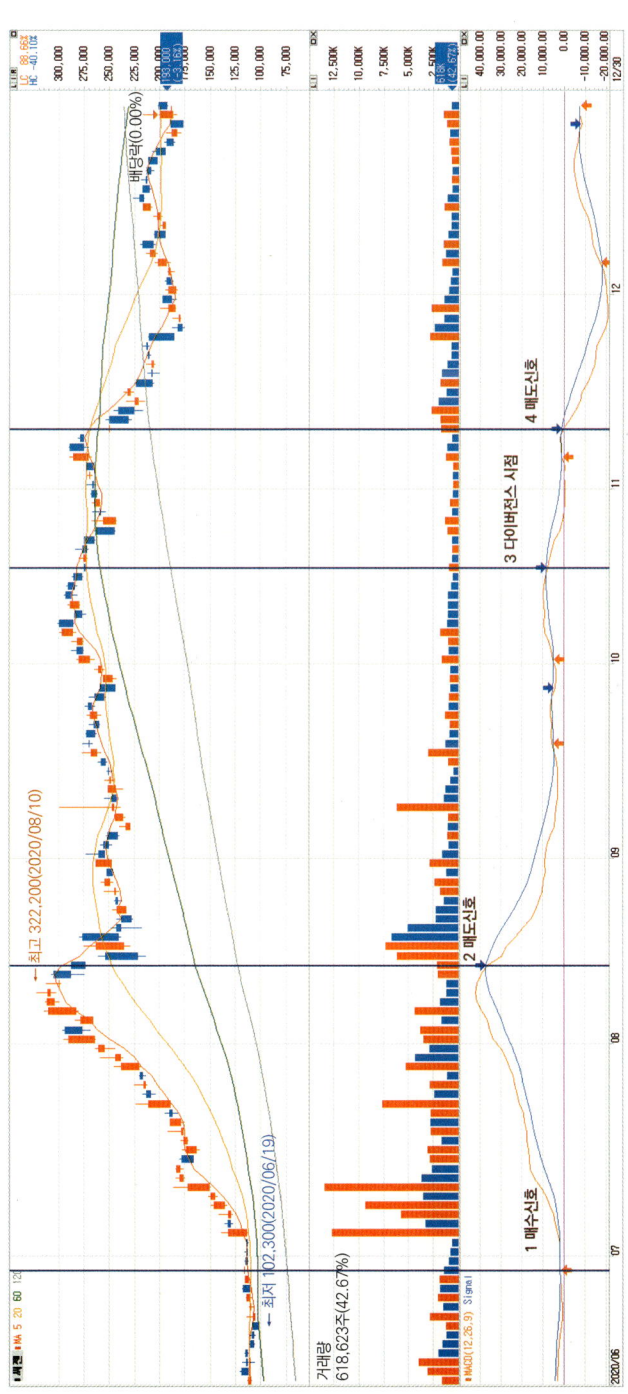

1. MACD 골든 크로스 - 매수신호 2. MACD 데드 크로스 - 매도신호
3. 캔들 차트 상승중 이지만 MACD 하락추세 - 다이버전스 4. MACD 데드 크로스 : 주가 하락 확대

7-2. 볼린저 밴드

주가변동에 따라서 상단과 하단 밴드폭을 연동해서 움직이게 해서 주가의 움직임을 밴드 내에서 저평가 시점 고평가 시점을 판단합니다.

1) 주가는 이동평균선에 회귀하려는 특성이 있다.

현재주식가격과 이동평균선 사이가 이격이 벌어지면 괴리율이 나타나면서 이격을 좁히려는 특성을 보이면서 주가고점에서는 평균 가격으로 다시 하락 조정을 하고, 주가 저점에서는 평균가격으로 다시 상승하면서 이격도를 축소합니다.

2) 정규분포를 이용한다.

평균값과 표준편차를 알고 있으면 정규분포를 그릴 수가 있는데, 평균값인 20일 이평선과 주가의 변동성인 표준편차의 데이터를 가지고 정규분포를 그리면 주가는 볼리저밴드 안에서 움직임을 보입니다.

3) 차트에 표시를 하면 3개의 선으로 표시되는데

3-1) 상한선 : 20일 이동평균선+표준편차2
3-2) 중심선 : 20일 이동평균선
3-3) 하한선 : 20일 이동평균선-표준편차2

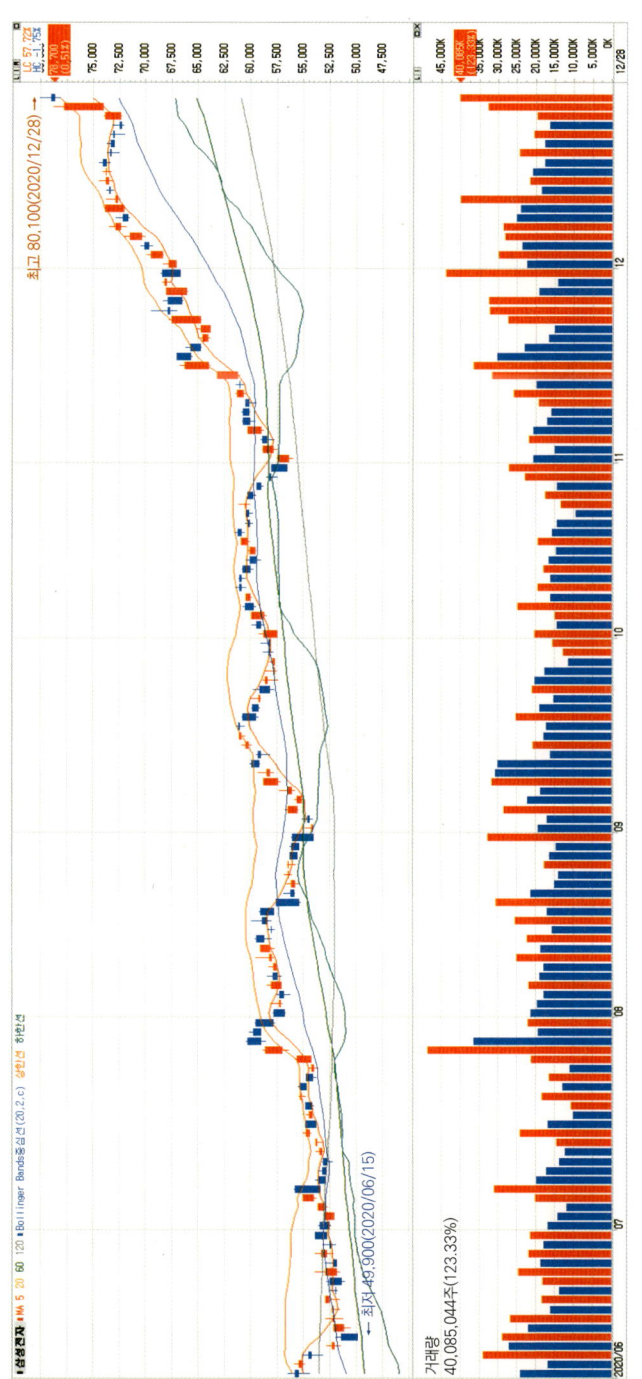

주가는 볼린저 밴드 안에서 상승과 하락을 반복한다.
- 볼린저 밴드 하단에서 매수, 상단에서 매도

7-3. 엘리엇 파동

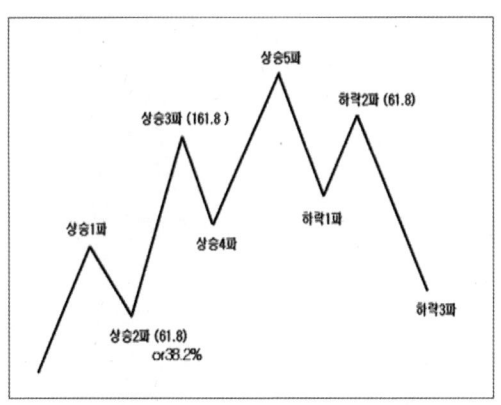

1) 주가는 일정한 파동을 가지고 움직인다는 것을 엘리엇이라는 사람이 제시한 기술적분석 기법입니다.

2) 상승5파

1파 : 상승시작

2파 : 1파 상승 조정구간
주가저점이 1파 시작점을 이탈하지 않아야 한다.
1파 상승의 0.38~0.61 배 이내

3파 : 가장 큰 상승 시점으로 1파 상승의 1.61~2.61 배

4파 : 3파상승 조정구간
조정구간이 1파의 고점을 이탈하지 않아야 한다
3파 상승의 0.38 배 이내

5파 : 마지막 상승.3파 보다 짧음
3파 상승의 0.61 배

3) 하락3파

하락1파 : 첫 하락으로 하락추세 전환
하락추세 시 거래량 증가

하락2파 : 하락1파의 반등 시점.
상승5파 고점을 돌파하지 못함
하락1파의 0.38~0.61 배

하락3파 : 가장 큰 하락

7장

기본적 분석

주식가격은 재료와 수급으로 움직이는데 주식가격에 영향을 주는 호재, 악재를 분석 하는 것이 기본적 분석이고 주식을 시장에서 매수가 많은지 매도가 많은지를 분석하는 것을 기술적 분석이라고 합니다.

주식가격은 재료보다는 수급이 우선하기 때문에 차트분석을 중요시하는 경향이 있지만 기업의 내재가치나 성장성을 무시한 가격상승은 거품이 꺼지면서 주가 하락폭이 커질 수 있기 때문에 기본적 분석이 되어 있는 상태에서 기술적 분석으로 매매하는 것이 바람직합니다.

주식가치 분석에는 매출액, 영업이익, 부채비율, 자회사 실적, 유보금, 자산가치 등을 분석하고 재료분석에는 신약개발, 신사업 진출, M&A, 이슈분석, 유 무상증자 등이 주식가격에 영향을 줄 수 있습니다.

1. 주가에 영향을 주는 재료

1-1. 성장성 재료

1) 매출액

주식은 "꿈"을 먹고 성장한다는 주식 격언처럼 기업이 꿈이 있는지를 분석하는 방법

기업은 매출액이 늘어나지 않으면 존재할 수 없습니다. 연간 매출액, 반기별 매출액, 분기별 매출액을 점검하는데, 전분기 대비 매출액 증가 감소를 확인하고 전년동기 대비 매출액 증가 감소 확인이 필요합니다.

업종특성상 전분기 대비 매출액이 감소할 수는 있지만 전년동기대비 매출액이 감소하였다면 그 원인을 더 자세하게 확인하는 것이 필요합니다.

예를 들어서 빙그레는 아이스크림 매출이 1월~3월 1분기, 4~6월 2분기에 비해서 4~9월 3분기에 크게 증가하는 기업인데 2분기에 비해서 3분기 매출이 감소하였다고 하면 경쟁사에 시장을 잠식 당했든지, 공장가동에 문제가 있든지 심각한 문제가 있었을 것으로 추정하고 특히 전녀동기 대비해서 3분기에 매출액 변화가 주식가격에 많은 영향을 줄 수 있습니다.

계절적 수혜를 기대하면서 아이스크림, 선풍기, 에어컨 관련 주식은 겨울철에 싸게 사서 여름철 성수기에 주가 상승을 기대할 수 있습니다.

2) 영업이익 = 매출액-매출원가-영업비용

기업은 매출액을 증가시키면서 이익을 창출하는 것이 목적입니다.

매출액이 증가하면서 영업이익이 증가하는 것이 바람직하지만 기업에 따라서는 매출액은 증가하는데 영업이익이 감소하거나 적자를 기록한다면 경쟁에서 살아남기 위해서 덤핑으로 매출액을 늘리는 경우로 생각하면서 영업이익이 감소하는 기업은 세심한 분석이 필요합니다.

특히 바이오종목 중에는 매출액은 있는데 적자지속 하면서 신약개발 기대로 주가 상승폭을 확대하는 경우가 있는데 주가는 내재가치를 반영하기 때문에 거품 꺼지면서 주가 하락폭이 커질 수 있습니다.

- 적자지속 종목이 주가 상승하는 것은 꿈을 만들면서 주가 상승 하지만 기대를 가지고 만들어졌던 꿈이 현실로 나타나지 않으면 거품이 터지면서 주가 하락폭을 확대하고 경우에 따라서는 상장폐지 종목도 나오고 있습니다.

3) 금융수익

기업이 가지고 있는 현금을 예금이나 주식투자 등 금융상품에 투자해서 얻을 수 있는 수익인데 파생상품이나 펀드, 주식투자에 잘못 투자해서 금융수익이 적자를 기록하는 기업은 세심한 분석이 필요합니다.

참고로 2006~2008년 사이에 우리나라 기업이 원/달러 환율 하락 시 이익을 얻을 수 있는 KIKO에 투자했다가 원달러 환율이 급등하면서 파산하는 기업이 발생하기도 했습니다.

- 기업 본업에 충실하는 기업이 좋아요.

4) 영업이익률

영업이익률 = 영업이익/매출액*100%

기업의 총매출액대비 영업이익(마진)이 얼마나 되는지를 분석하는 항목입니다.

영업이익률이 좋은기업은 원가마진이 증가하거나 판매비용, 관리비용이 감소해야 합니다.

영업이익률이 좋다는것은 경쟁기업에 비해서 경쟁력이 있다는 것으로 판단할수 있습니다.

5) 당기순이익

당기순이익 = (영업이익+영업외수익-영업외비용)+(특별이익-특별손실)-법인세

당기순이익은 기업이 영업으로 발생하는 수익에서 영업외 순익 및 법인세를 차감한 항목입니다.

당기순이익은 영업 외적으로 일시적으로 발생하는 손익을 차감한 수익으로 매년 주기적으로 발생하는 손익이 아니고 일회성으로 증가 감소할 수 있지만 변동폭이 커지면 세심한 분석이 필요합니다.

* 참조
기업의 존재 의미는 매출액 증가도 중요하지만 이익을 얻을 수 있는 것이 더 중요합니다. 매출액 증가와 함께 영업이익과 영업이익률이 증가하는 기업은 성장성이 크다고 판단하고 매출액은 증가하는데 영업이익과 영업이익률이 감소하는 기업은 세심한 분석이 필요합니다.

1-2. 재무 건전성

1) 부채비율

부채비율 = 부채총액/자기자본*100%

기업의 재무건전성을 분석하는 경우에는 가장 중요한 항목입니다.

장기차입금보다 단기차입급 비중이 높은 기업이 시장 변화에 따라서 위험이 커질 수 있고, 수주산업에 속하는 기업에 따라서는 선수금의 증가로 부채비율이 일시적으로 상승할 수 있습니다.

부채비율이 100% 이하인 기업이 비교적 안전하다고 판단하지만 업종에 따라서는 투자가 발생하지 않으면서 기업실적이 정체되는 현상을 보인다면 주가 변화는 기대할 수 없습니다.

부채비율이 높은 기업은 시중 금리인하가 단기호재로 반응하면서 주가 상승으로 이어질 수도 있습니다.

2) 유보율

유보율 = (이익잉여금+자본잉여금)/납입자본금*100%

유보율이 증가하는 기업은 지속적으로 이익을 창출하는 기업으로 생각하지만 유보율도 높고 부채비율도 높은 기업이 있으니까 세심한 분석이 필요합니다.

3) 유동비율

유동비율 = 유동자산/유동부채*100%

기업이 단기 1년 이내에 상환해야 하는 부채에 비해서 단기 1년 이내에 현금화가 가능한 자산 비율입니다.

재고자산이 포함되어 있기 때문에 계절에 따라서 매출액 변화가 있는 업종에 따라서는 세심한 분석이 필요합니다.

4) 이자보상배율

이자보상비율 = 영업이익/이자비용

기업이 채무상환을 할 수 있는 여력이 있는지를 보여주는 항목입니다. 이자보상비율이 1미만을 기록하는 기업은 기업이 얻을 수 있는 수익이 부채의 이자비용을 감당하지 못하는 것으로 해석되면서 지속적으로 이자보상비율이 1미만인 기업은 자금을 마련하기 위해서 차입금이 증가하거나 기존 주주에게 증자를 요구할 수 있습니다.

이자보상비율이 지속적으로 1미만을 기록했던 기업 중에는 상장폐지하는 기업이 발생하였습니다.

5) 당좌비율

당좌비율 = (당좌자산/유동부채)*100%

당좌자산 = 유동성자산-재고자산

당좌비율은 유동비율보다 기업의 유동성을 더 세심하게 판단하는 지표입니다.

일반적으로는 당좌비율이 높은 것이 건전한 것으로 인식되고 있지만 기업매출을 증가시키기 위해서 무리하게 판매를 하고 현금이 아닌 매출채권으로 받으면 당좌비율이 상승할 수 있지만 매출채권이 회수가 안 되면 기업건전성이 크게 하락할 수 있습니다.

1-3. 계열사 지분구조

1) 지배주주순이익, 비지배주주순이익

지배주주순이익은 모회사의 당기순이익을 계산할 때 자회사 순이익을 모회사의 자회사 지분만큼 반영한 순이익을 계산한 것입니다.

자회사 실적이 악화되면서 모회사 실적까지 어렵게 만들고 주가 하락폭을 확대하는 기업이 있는 반면에 자회사 실적이 개선되면서 모회사 실적에도 긍정적으로 확대되고 모회사 주가 상승으로 이어지는 경우가 있습니다.

지분을 가지고 있는 자회사 실적도 세심하게 확인하세요.

- 속썩이는 동생 있으면 형이 힘들어집니다.

비지배주주순이익은 자회사의 순이익중 지배기업의 소유분을 제외한 순이익입니다. 비지배주주순이익이 지배주주순익보다 증가한다는 것은 자회사 실적이 모회사 도움 없이 자생적으로 발전하고 있다는 의미로 해석할 수 있습니다.

2) 계열사 지배구조

지분을 가지고 있는 자회사가 다른 자회사 지분을 보유하면서 지주회사를 중심으로 연결고리를 형성합니다. 공정거래법개정, 주요대주주 신변이상, 적대적 투자자 지분 매입 등은 주가에 영향을 줄 수 있습니다.

1-4. 경영자의 능력

최고경영자의 생각과 행동 신변이상 등은 주가에 크게 영향을 줄 수 있는 변수입니다. 대주주관련 주요 인사의 행동이나 사회적 이슈가 주가에 호재 악재로 작용합니다. 2017년도에 사회적으로 이슈가되었던 성폭력 고발 미투운동으로 주요기업 대주주와 관련해서 주식가격이 급격하게 하락하기도 하였습니다.

특히 코스닥 기업은 CEO 주가입니다. 경영진의 구성과 경영진의 능력에 따라서 기업의 존폐 여부가 결정될 수도 있습니다. 주요지주와 경영진의 구성을 분석해서 기업의 건전성과 미래가치 확인이 필요합니다.

> **배현철의 꿀팁**
>
> 경험적으로 기업방문을 했을 때 주요경영진이 회사에 없거나 사업에 집중하기보다는 부동산 투자에 관심을 보이는 기업 주식을 매도하고 주가 하락을 피했던 경험이 있습니다.

몇년 후에 부동산 가격이 급등해서 자산가치 증가했다는 소식으로 부동산을 많이 보유했던 회사 주가 급등했던 경험도 있습니다.

주식시장은 정해진 공식이 있는 것이 아니고 그때 그때 시장 변화에 따라서 주식가격이 움직인다는 사실을 인지하고 시장에 순응하는 대응이 필요합니다.

- 동일한 재료도 호재가 될 때가 있고, 악재가 될 때가 있습니다. 주식 어렵습니다!!

1-5. 생산제품에 따른 소비자들의 반응

생산제품의 시장점유율이나, 신제품 개발, 계절적 수요 등은 주식가격에 영향을 주는 변수입니다.

IMF시절 라면 소비가 증가하면서 농심, 오뚜기 등 라면생산회사 주가 상승하였고 2020년 코로나19 발생으로 사회적거리두기 운동으로 사람들의 이동이 제한되고 사회활동이 제한되면서 소비활동 위축으로 여행, 항공, 엔터테이먼트 주가는 급락한 반면에 재택근무 증가로 UNTACT 비대면 관련 영상 솔루션 종목과 학교등교 규제로 온라인 교육 관련 종목이 급등하였습니다.

코로나19 확진자증가로 진단키트 관련종목과 마스크 소비가 증가 하면서 마스크소재 생산 관련종목이 급등하고 코로나19 치료제, 백신 관련종목 주가 급등하였습니다.

특정한 사회적 이슈로 급등하였던 종목은 사회적 관심이 낮아지면 주가는 원위치로 하락하는 특성이 있습니다. 단기 이슈로 급증 하였던 종목에 물려서 장기투자하면 마음고생 많이 합니다.

주식가격은 실적에 선행해서 움직이는 특성을 생각한다면 여름철수혜종목 아이스크림, 에어컨, 선풍기 관련종목은 겨울철이 매수하는 시점입니다.

1-6. 기술 수준과 기술개발 투자 정도

신기술 개발은 주식가격에 선행해서 호재로 작용하지만, 동일한 기술에 대한 경쟁업체가 생기고 판매가격이 하락하면 주식가격에는 악재로 작용할 수 있습니다.

중국관광객 증가로 미용치료제 보톡스 소비가 증가하면서 메디톡스는 2009년 11,000원이었던 주가는 2018년 743,000원까지 상승했지만 보톡스 제조사가 증가하고 경쟁이 심화되면서 매출감소와 이익감소로 2020년 주가는 10만원 이하로 하락하였습니다.

신약개발 기대로 신라젠은 2016년 1,100원이었던 주식가격이 2017년 152,300원까지 상승하였지만 면역항암제 페사벡의 임상시험 중단 소식으로 주식가격 급락하면서 거래정지 상태가 되었습니다.

신라젠은 〈상장 기업분석〉을 보면 2017년 영업적자 506억 원, 2018년 영업적자 590억 원, 2019년 영업적자 585억 원, 2020년 9월까지 영업적자 303억 원을 기록하면서 적자가 지속되었지만 신약개발 재료로 주가 급등 급락을 보여주었습니다.

제약, 바이오종목은 적자를 기록하면서도 신약개발 기대로 주가 급등하는 경우가 있지만, 급등했던 테마종목은 주가하락시에는 실적악화 부담이 커질 수 있습니다.

1-7. 분식회계

분식회계는 회사가 장부를 조작하여 실적을 부풀리는 것을 말합니다.

CEO가 회사의 자산을 자기 것처럼 사용하고 장부를 조작하는 경우와 상장폐지를 모면하기 위해서 매출액을 부풀리는 경우, 대출을 받기 위해서 부채비율을 조작하는 경우가 있습니다.

대우그룹이 분식회계 처리로 그룹전체가 공중분해되었습니다.

장부상에 나타나는 수치만 보지 말고 매출액, 영업이익, 부채비율 등 이 급격하게 증가한다거나 급격하게 감소하는 경우는 세심한 분석이 필요합니다.

경험상 조금이라도 의심이 나거나 시장에서 분식회계 소식이 들린다면 주식 매수 하지 않는 것이 좋습니다. 주식시장에서 나쁜 소식은 언젠가는 주가 하락 악재로 반영되었습니다.

> **배현철의 꿀팁**
> 방귀가 자주 나오면 화장실 가야 합니다.

1-8. 주주 우대 정책

1) 자사주 매수는

자기회사의 실적을 가장 잘 아는 회사가 자기회사 주식을 매수 하겠다는 것으로 앞으로 주가상승 기대를 가지고 있다는 의미로 해석되면서 주식시장에는 호재로 작용합니다.

2) 자사주 소각은

회사가 보유하고 있는 자기회사 주식을 소각함으로 유통주식수를 줄이는 것으로 ROE(자기자본 이익율)가 상승하고 PER(주가수익비율)은 낮아지면서 주가상승에 호재로 작용할 수 있습니다.

3) 무상증자

주식 보유하고 있는 주주에게 회사가 영업을 통해서 발생한 이익금을 무상으로 주식으로 나누어주는 것을 말합니다.

단기호재로 작용하지만, 무상증자 권리락 이후 주가 상승은 제한적입니다.

상장법인은 일정한 주식발행기준을 증권관리위원회의 규정으로 제한하고 있습니다.

4) 배당금

일정 기간까지 주식을 보유하고 있는 주주들에게 주식을 소유하고 있는 주식수에 비례해서 배당을 하게 되는데 현금배당과 주식배당이 있습니다.

저금리 시대에는 주식배당 수익이 시중금리보다 높은 경우가 발생하면서 주식보유하고 매도하지 않으면서 유통물량 감소로 주가 상승 호재로 작용할 수 있습니다.

1-9. EPS(Earning Per Share) : 주당 순이익

EPS = 순이익/발행주식수

기업의 순이익을 기업이 발행한 총 주식수로 나눈 값, 즉 주당순이익을 말합니다.

순이익은 기업이 얻은 이익에서 기업의 비용을 제외한 순이익만을 의미합니다.

다시 말하면 하나의 주식이 얼마만큼의 순이익을 냈는지 알 수 있는 절대적인 지표입니다.

EPS는 발행주식수가 많을수록 낮아지는데, 발행주식수가 많다는것은 자본금이 커지는 것이기 때문에 이익이 많이 발생하더라도 자본금이 커지면, 자본금 대비 이익금이 낮아지게 됩니다.

EPS가 높다는 것은 기업이익이 높다는것으로 회사의 경영실적이 좋다는 것입니다.

> **배현철의 예시**
> 발행주식수가 100,000주 인 회사가
> 순이익 500,000원을 기록했다면 EPS 는 500,000/100,000 = 5
> 순이익 200,000원을 기록했다면 EPS 는 200,000/100,000 = 2

EPS가 5인회사가 2인 회사보다 경영실적이 좋은 것입니다.

1-10. PER(Price earning ratio) : 주가수익비율

PER = 현재주가/EPS = 현재주가*발행주식수/순이익 = 시가총액/순이익

PER는 주가 수익비율이라고 하고 이익에 비해서 현재시점에서 주식시장에서 평가받고 있는 회사가치를 의미합니다.

PER가 높다는 것은 현시점에서 회사가 얻고 있는 이익에 비해서 주식가격이 높게 평가받고 있다는 의미이고, 거품이 있는 것으로 판단합니다.

PER가 낮다는 것은 현시점에서 회사가 얻고 있는 이익에 비해서 주식가격이 낮게 평가받고 있다는 의미이고 주가가 상승하면 PER은 올라가고, 순이익이 감소하면 PER는 올라갑니다.

> **배현철의 예시**
> 순이익 500,000,000원 인 회사가 현대 시가총액이 1,000,000,000원 이라면 PER = 1,000,000,000/500,000,000 = 2
> 주가상승으로 시가총액이 2,000,000,000원이 되었다면
> PER = 2,000,000,000/500,000,000 = 4

- 업종별로 평균PER 수치가 다르기 때문에 업종평균수치와 개별주가의 수치를 비교분석하면서 상대적으로 저평가되었는지, 고평가되었는지를 판단합니다.

1-11. PBR(Price on Book-value ratio) : 주가 순자산비율

PBR = 현재주가/주당순자산 = 시가총액/순자산

순자산은 회사가 해산할 때 주주에게 분배되는 금액입니다.

PBR이 1이라면 주가와 순자산가치가 같다는 의미이고 PBR이 2라면 주가가 순자산가치보다 2배라는 의미입니다.

> **배현철의 예시**
> 주단순자산이 10,000원 회사가
> 현재주식가격이 5,000원이면 PBR = 5,000/10,000 = 0.5
> 현재주식가격이 20,000원이면 PBR = 20,000/10,000 = 2

PBR〉1 : 고평가

PBR〈1 : 저평가

개별기업 평가에서도 PBR을 활용하지만 각 국가의 주가지수에도 PBR지표를 활용합니다. 주식시장에 상장된 모든 종목의 시가총액을 모든 상장 기업의 자산가치로 나누어서 해당국가 주식시장 PBR을 산정해서 국가별로 비교해서 저평가, 고평가를 비교합니다.

중국의 2007년도 버블이나, 2000년 IT버블 시점에서 각 국가의 PBR이 5~6배로 높았습니다.

1-12. ROE(return on equity) : 자기자본 이익율

ROE = 당기순이익/자기자본*100

당기순이익은 회사가 벌어들인 이익금에서 모든 경비와 각종 충담금, 세금까지 공제하고 순수하게 남은 이익금입니다.

ROE는 회사가 가지고 있는 자기자본에 비해서 얼마만큼 이익을 내는지를 나타내는 지표입니다.

ROE가 높으면 높을수록 자기자본에 비해서 이익을 많이 냈다는 것으로 경영실적이 좋은 것으로 판단합니다.

일반적으로 ROE는 회사채 수익률보다 높으면 양호한 것으로 평가되고, 기본적으로 시중 예금금리보다 높아야 투자할 만한 가치가 있는 것으로 판단합니다.

ROE비율은 높을수록 좋은 것으로 판단합니다.

1-13. 증권회사 리서치 보고서

증권회사에서는 시장 전망이나 각 기업별 실적전망에 대해서 보고서를 작성 해서 배포하게 되는데, 각 증권회사 홈페이지나 여러분이 사용하고 있는 HTS, MTS을 통해서 누구나 볼 수 있습니다.

기업실적을 표시하는 중에 YoY 는 전년동기 대비 증가 감소를 표시하는 것으로 영업이익 50억원(YoY30%) 는 영업이익이익이 50억원 기록했는데 전년동기 대비 30% 증가했다는 의미입니다.

QoQ는 직전분기대비 증가, 감소를 표시하는 것으로 영업이익 30억원 (QoQ50%) 는 영업이익이 30억원으로 전분기 대비 50% 증가 했다는 의미입니다.

기업실적발표에서 전분기 대비 증감률은 주가에 민감하게 반응합니다.

2. 투자원칙

2-1. 주식 매수는 기업의 주주가 되는 것이다.

주식가격은 기업의 성장과 이익배분에 따라서 상승과 하락을 합니다. 기업의 성장과정을 지켜보면서 기업의 주인의식을 가지고 장기 성장과정을 함께하겠다는 투자심리가 필요합니다. 주식매매는 투기가 아니고 미래가치 성장성에 대한 투자입니다.

2-2. 1등 기업에 투자하라

주식시장은 위험성자산 시장입니다. 언제 어디서 위험요인이 발생할지 알 수 없는 주식시장 환경을 생각한다면, 시장 지배력이 있고, 꾸준하게 배당을 하는 기업을 주목하세요. 시장이 불확실하고 불안할수록 업종에서 1등 기업의 가치는 높아집니다. 제일 좋은 주식은 가장 먼저 상승하고 가장 늦게 하락합니다.

2-3. 공시를 확인해라

기업의 변화 사업확장, 사업구조 개편 기업실적, 주요주주 지분변화 등 기업의 주요내용을 공시에서 확인할 수 있습니다. 기업 관련 공시는 금감원 DART 사이트에서 확인할 수 있습니다.

회사는 시대의 변화에 적극적으로 대처해 나가면서 새로운 성장동력을 확보하고 시설투자 및 사업확장을 하게 되는데 보유주식의 회사 변화를 매일 공시로 확인하시기 바랍니다.

2-4. 주식가격은 생활 속에 있다.

2019년 코로나19 발생으로 사회적 거리두기가 시행되면서 기업 활동 위축으로 주식가격이 급락하였지만 마스크 소비 증가와 코로나19 검사 확대로 마스크 관련 종목과 진단키트관련 종목 주가는 급등하는 모습을 보였습니다.

사회적 생활 패턴 변화가 해당기업의 실적과 밀접한 관계가 있고 실적은 주가에 반영되는 주식시장 특성을 생각한다면 우리 주변에서 일어나는 일상생활 속의 변화를 유심히 살펴보면서 수혜종목이 있는지 확인하시기 바랍니다.

2-5. 분산투자로 위험관리가 중요하다.

계란은 한 바구니에 담지 말라는 증시격언이 있습니다. 주식시장은 수시로 변화하는 시장 환경을 생각한다면 아무리 좋은 주식도 돌발변수가 발생하면서 주가 하락으로 이어질 수 있습니다.

주식매매는 수익을 많이 얻는 것보다 손해를 보지 않는 것이 더욱더 중요합니다.

분산투자한다고 현대차, 기아차, 현대모비스 이런식으로 주식을 보유하는 것은 동일업종 부담이 있으니까 대표종목으로 선택과 집중이 필요하고, 수십 종류의 주식을 보유하면 관리도 어렵고 한 종목 올라가면 한 종목 주가 하락하면서 전체 투자금액 대비 수익이 저조할 수가 있습니다.

2-6. 자기 돈으로 투자하라.

적은 투자금액으로 크게 수익을 얻는 방법으로 스탁론을 이용하거나 증권회사 신용매수를 이용하는 방법이 있지만, 주가는 매일 상승하는 것이 아니고 상승추세 중에도 하락하는 시점이 발생하면 자기투자금 대비 주가 하락폭이 커지면서 신용담보부족 반대매도로 보유주식이 강제 매도될 수가 있습니다.

과도한 신용매수는 주가 변동 시점에서 심리적 부담이 커지면서 원치 않는 매도를 할 수 있습니다.

증시격언에 강세장에서 깡통 나온다는 격언이 있습니다. 일시적인 주가 하락 조정시점에서 자기자본으로 주식매수한 투자자는 장기투자 한다는 생각으로 주식을 보유하면서 시간을 벌 수 있지만 과도한 빚을 내서 투자한 투자자는 자기투자금액까지 모두 손실을 볼수 있습니다.

주식투자에서 조급한 마음과 과도한 욕심은 반드시 버려야 하는 투자 원칙입니다.

경험적으로 신용매수하고부터 일주일 이내에 주가 상승하지 않으면 신용금액을 반납하세요.

2-7. 시간을 이겨라

주식매매는 자신과 시간과의 싸움입니다. 적은 투자금액도 시간이 지나면서 눈덩이 굴러가듯이 크게 수익을 얻을 수 있습니다.

산업은 시간이 지나면서 커지고 주식시장 역시 시가총액이 상승하였습니다. 10년 후에도 망하지 않겠다는 확신이 있는 회사 주식 매수보유하고 시간을 이겨나가기 바랍니다.

2000년도에 우리나라 대표기업 삼성전자, 현대차, 기아차, SK하이닉스, 삼성SDI, LG전자, LG화학, 유한양행, 녹십자, 종근당 등을 매수 보유하신 분들은 2020년 현재 크게 부자가 되었습니다.

2-8. 주식매매는 예측이 아니고 대응이다.

주식시장은 하루에도 몇 번씩 변하는 예측 불가능한 변수가 있는 시장입니다. 경제지표나 기업실적 전망을 보면서 주가를 예측할 수도 있지만 돌발변수(예를 들어 911테러)가 언제 어디서 발생할지 알 수 없는 위험자산 시장입니다.

동일한 재료를 가지고도 주가에 다르게 반응하는 주식시장의 특성을 생각하면서 주식시장 변화에 이기려 고집을 부리기 보다는 변화에 순응하는 대응을 하면서 리스크 관리가 필요합니다.

2-9. 시대의 변화를 따라가라

주식시장은 시대의 변화를 선반영하는 특성을 가지고 있습니다.

3. 재료분석과 이해

3-1. 종목별 뉴스 선별 방법

1) 편협된 생각

Lotto복권에 당첨될 확률이 교통사고를 당할 확률보다 현저하게 낮음에도 불구하고 복권을 구매하는 사람은 복권에 당첨될 것이라는 기대를 하는 반면에 운전을 하는 사람은 자기 자신이 교통사고를 당할 것이라는 생각을 하지 않고 있습니다.

주식을 보유하고 있는 투자자는 자기가 보유하고 있는 종목에 대해서 호재는 긍정적으로 수용하고 악재는 무시하려는 경향을 보이고, 주가 하락시점에서도 호재만을 생각하는 편협된 생각을 하면서 주식을 보유하고 악재는 무시하려고 하는 매매심리를 보입니다.

현금을 가지고 있는 투자자는 주가 하락을 기대하면서 호재보다도 악재를 수용하려는 편견을 가지고 주가가 하락할 것이라는 매매심리를 가지고 있습니다.

사람은 자신에게 듣고 싶은 이야기만 들으려고 하고 자신에게 불리한 이야기는 배제하려고 하는 특성이 있습니다.

자기보유 주식에 대해서 악재를 이야기하는 사람을 무조건적으로 배제하기보다는 왜 그런 이야기를 할까 다른 사람 입장에서 다시 한 번 생각해보는 신중함이 필요합니다.

주식시장은 호재를 이야기하면서 주식을 매수하는 사람과 악재를 이야기하면서 주식을 매도하는 사람이 서로 매수 매도를 반복하면서 주식가격을 결정합니다.

주가는 시장이 결정한다는 생각으로 호재 악재가 주가에 반영되는 방향에 순응하는 대응이 필요합니다.

2) 국제유가

국제유가상승은 원유를 수입해서 쓰는 우리나라 입장에서는 주식시장 전체적으로는 악재 부담으로 작용하는 것이 일반적인 현상이지만 정유업체 SK, S-OIL 등과 화학업종에는 유가상승으로 생산제품 판매가격 상승이 실적개선으로 나타나면서 주가상승 호재로 작용할 수 있습니다.

경우에 따라서는 국제유가 상승은 산업활동이 활발해지면서 석유소비가 증가하면서 경기 좋아진다는 전망으로 이어지면서 주식시장에 호재로 작용하는 경우도 있습니다.

- 주식시장은 그때 그때 달라요.

국제유가 상승으로 태양광에너지, 풍력에너지, 전기차시장 확대, 수소에너지 관련, 대체에너지 관련 종목은 호재로 작용하면서 주가상승으로 이어지고 있습니다.

국제유가상승으로 유전개발이 확대되면서 유전개발 장비, 가스개발 관련 종목에는 호재로 작용하고 원유 운반 수요 증가로 신규운반선 발주 기대로 조선업종에도 호재로 작용하고 국제유가상승으로 석유생산국 경기가 좋아지면서 중동건설시장에 진출하고 있는 우리나라 건설업종 실적개선 전망으로 건설업종 주가 상승으로 이어지고 있습니다.

* 동일한 재료에도 호재로 작용하는 업종과 악재로 작용하는 업종이 나누어지지만 주식시장 참여자들의 반응에 따라서 어떤 경우는 호재로 작용하고 어떤 경우에는 악재로 작용합니다.

> **배현철의 꿀팁**
> 주식시장은 정해진 공식으로 움직이는 시장이 아닙니다.

시장이 반응하는 현재주식가격이 적정 주가입니다.

3) 원/달러 환율

원/달러 환율 하락은 수출위주 산업구조를 가지고 있는 우리나라 에는 주식시장에 악재로 작용하는 것이 일반적인 현상이지만 원/달러 환율 하락으로 수입물가 하락하면서 국내 소비가 증가할 것 이라는 전망으로 주식시장에 호재로 작용하는 경우도 있습니다.

원/달러 하락으로 수입하는 업체는 수입제품 가격하락으로 이익이 증가하면서 주가에 호재로 작용하고 수출하는 업체는 수출가격 하락으로 실적 감소 전망으로 주가에 악재로 작용하는 것이 일반적인 현상이지만

* 원/달러 환율 하락은 외화차입금이 많은 항공업종, 조선업종, 정유업종 등에는 원화 기준으로 차입금 감소 기대가 커지면서 주가에 호재로 작용하고 원화 가치 상승으로 해외여행하는 여행객 증가로 여행업종 주가에는 호재로 작용합니다.

* 우리나라 주식을 매수하는 외국인 입장에서는 원/달러 환율이 1,200원에서 주식을 매수를 하고 1,000원에서 주식매도 후 달러로 교환 할 때는 200원 환차익이 발생하기 때문에 원/달러 환율 하락시점에서는 외국인이 우리나라 주식을 매수하면서 주식시장에 호재로 작용하는 것이 일반적인 현상이지만 원/달러 환율 상승 손실보다 주가 상승이 클 것이라는 기대로 원/달러 환율 상승시점에서 외국인이 우리나라 주식을 매수하면서 주가상승을 견인하는 경우도 있습니다.

* 원/달러 환율 하락이 지속되는 시점에서는 업종별로 호재 악재로 작용하면서 주가에 영향을 주지만 환율변동이 일정 수준 박스권에서 안정을 찾으면 주식시장에 미치는 영향은 크지 않습니다.

4) 금리인상

 금리인상은 시중유동자금이 높은금리를 따라서 주식시장에서 빠져나가서 예금으로 유입되면서 주식시장에 악재로 작용하는 것이 일반적인 현상입니다.

금리인상을 발표하면 단기로는 주가에 악재로 작용하지만, 금리인상을 한다는것은 경제지표가 좋아지면서 경기가 좋아질 것이라는 기대심리로 주식시장에는 중기적으로는 호재로 작용합니다.

금리인상은 예금금리 인상보다는 대출금리 인상에 적극적으로 반영되면서 예/대 마진 증가 기대로 은행업종과 보험업종 주가는 호재로 작용합니다.

금리인상은 미국 기준금리와 우리나라 기준금리 차이가 우리나라 주식시장에 참여하는 외국인 입장에서는 민감하게 반응할 수 있습니다.

5) 금리인하

금리인하는 이자수익 기대로 은행예금으로 유입되었던 시중 유동자금이 주식시장으로 유입되면서 호재로 작용하는 것이 일반적인 현상입니다.

금리인하를 발표하면 단기로는 주가에 호재로 작용하지만 금리인하를 한다는 것은 경제지표가 나빠지면서 경기가 안 좋다는 인식으로 주식시장에는 중기적으로는 악재로 작용합니다.

금리인하는 대출부채가 많은 기업에서는 이자부담이 감소하면서 실적개선으로 이어질 수 있기 때문에 건설업종이나 부채금액이 많은 그룹 대형주가에는 단기적으로 호재로 작용할 수 있습니다.

금리인하는 채권가격 상승으로 채권보유가 많은 보험업종에는 호재로 작용할 수 있습니다.

3-2. 호재, 악재 선별 이해 방법

1) 자산매각

자산매각으로 현금이 유입되면서 재무구조개선으로 단기적으로는 호재로 작용하지만 시간이 흐르면서 좋은 자산 매각하는 것은 그만큼 현재 회사 재무상태가 좋지 않다는 것으로 해석되면서 주가에 부정적으로 작용할 수 있습니다.

IMF때 두산그룹이 실적 좋은 OB맥주 등 자회사를 매각하면서 실적 어려운 회사만 남는다는 전망으로 두산그룹 전체 주가 하락하였고 다음이 2004년도에 본사를 제주도로 이전한다는 소식으로 얼마나 어려우면 서울에서 제주도로 이전할까 하는 의구심으로 주가 하락 부담으로 작용하기도 하였습니다.

일반적으로 우리나라 사람은 부동산 보유에 대한 애착심을 가지고 있기 때문에 부동산 매각은 최후 수단으로 판단하면서 중기적으로는 주가에 부정적으로 작용하였습니다.

2) 자사주 매수 매도

자사주매수는 회사의 경영상태 향후 전망에 대해서 가장 잘 알고 있는 회사가 자기회사 주식을 매수한다는 것으로, 향후 주가상승 기대가 커지면서 주가에 호재로 작용합니다.

반대로 자사주 매도는 직원 상여금 지급, 부동산 매수자금 확보 등 여러가지 이유 가지고 공시를 하지만, 자기회사 주식을 매도한다는 것은 향후 주가 상승을 기대하지 않는다는 전망으로 주가에 악재로 작용합니다.

일정 기간 자사주매수 기간이 만기 후에 자사주 매수 기간을 연장하는 경우는 향후 주가상승을 전망하는 긍정적인 호재로 작용하겠지만 자사주 매수 연장을 하지 않는 경우는 주가에 부정적으로 작용합니다.

자회사, 계열회사 주식 매수는 향후 주가상승 전망으로 주가에 호재로 작용할 수 있습니다. 자회사 지분확대는 자회사 주가에 단기적인 주가상승을 견인할 수 있습니다.

3) 주요주주 지분구조

주가 상승시점에서 회사의 경영상태와 향후 전망을 가장 잘 알고 있는 주요주주나 대주주 관계주주가 주식매도를 하였다는 것은 현재 주가가 고평가되어 있다는 평가를 받으면서 주가에 부정적인 악재로 작용합니다.

주가 하락시점에서 대주주나 주요주주 관계인이나 가족이 주식을 매수하여 지분을 늘린다는 것은 향후 기업실적개선 기대로 주가에 긍정적으로 작용할 수 있습니다.

사모펀드에서 주가매수는 주요주주와 관계가 없는 특정세력이 주식을 매수하면서 적대적 M&A나 경영참가로 작용하면서 단기에 주가 상승폭을 확대할 수 있습니다.

대한항공이 2020년에 행동주의 펀드 KCGI 에서 주식매수 알려지면서 적대적 M&A 전망으로 한진칼 주가가 급등하고 조양호 회장 사망후 가족간 경영권 분쟁으로 주가 상승하였습니다.

4) 신기술, 신약 개발

신라젠이 간암치료제 등 신약개발 기대로 주가급등하였지만, 영업이익 적자지속 및 신약 임상 지연, 주요주주 주식매도 등 악재가 겹치면서 주가 하락폭을 확대하였습니다.

제약, 바이오 업종은 일부 세력이 신약개발 재료로 주가 급등시킨후 주가 고점에서 이익실현하고 빠져나가면서 신약개발 실패는 주가 하락폭을 확대하는 작전주가 많이 나오는 특성을 생각해서 실체가 없는 신약개발 재료는 신중한 대응이 필요합니다.

플래닛82는 2005년 나노 기술을 이용해서 빛이 없는 곳에서도 사진과 영상 촬영이 가능한 나노이미지센서칩이라는 신기술을 발표하면서 1,650원 이던 주가는 46,950원까지 2005년 11월 13일 부터 15일까지 거래일 연속 상한가를 기록하였습니다. 나노이미지센서칩개발이 사기로 밝혀지면서 결국 2008년 4월에 상장폐지되었습니다.

5) 자사주 매수 소각

자기회사 주식을 회사돈으로 매수하는 것을 자사주 매수라고 하는데, 자사주 매수를 하기 위해서는 취득예정 주식수, 취득예상기간, 자사주취득목적, 자사주취득방법 등을 공시해야 합니다.

매수한 자사주를 법적으로 없애버리는 것을 자사주소각이라고 합니다. 기업은 적립한 배당이익을 재원으로 자사주 소각을 할 수 있습니다.

자사주소각은 유통주식수를 줄이면서 앞으로 이익이 생기면 주식을 보유하고 있는 주주들에게 돌아가는 배당이 증가하고, 유통 주식수가 감소하면서 주가 상승으로 작용할 수 있습니다.

기업이 보유한 자사주는 의결권이 없기 때문에 우호세력에게 자사주를 매도해서 경영권 방어 목적으로 사용하기도 합니다.

6) 액면분할은

현재주식발행 액면가를 납입자본금 증가나 감소 없이 기존 발행주식수를 일정비율로 분할해서 발행총주식수를 늘리는 것을 말합니다.

액면분할은 주식가격이 고가에서 거래가 활발하게 이루어지지 않는 단점을 보완하기 위해서 유동성을 확보하고 시장 참여자들의 적극적인 매매참여를 유도할 수 있습니다.

액면가 5,000원 짜리 주식을 500원으로 액면분할한다면 (1/10로 분할) 현재 주가는 1/10 가격으로 매매를 시작하고 100주를 보유한 투자자는 1,000주를 보유하게 되면서 유통주식수 증가로 거래 활성화 효과로 주가에는 긍정적으로 반영되지만 액면분할 후 유통주식수가 증가하면서 소액투자자들의 단타매매 종목으로 전락 하면서 주식가격이 정상적으로 평가받지 못하는 주가 왜곡현상이 나타날 수 있습니다.

7) 액면병합은

현재주식발행 액면가를 납입자본금 증가나 감소 없이 기존 발행주식수를 일정비율로 병합해서 발행총주식수를 감소시키는 것을 말합니다.

액면병합은 주식가격이 저가에서 하루거래량이 급증하면서 단타매매 타겟이 되고 상대적으로 주식가격이 싸다는 인식으로 제대로 평가받지 못하는 단점을 보완하기 위한 방법으로 사용됩니다.

액면가 500원 짜리 주식을 5,000원으로 액면병합한다면 (10배로 병합) 현재주가는 10배 가격으로 매매를 시작하고 100주를 보유한 투자자는 10주를 보유하게 되면서 유통주식수 감소로 거래량이 감소 하면서 품절주로 주가상승 효과를 볼 수 있습니다.

액면 병합 후 유통주식이 감소하면서 소액투자자들의 매매종목에 벗어나고 고액투자자들 매매종목으로 장기투자 대상 종목이 되면서 소량매수로 주가 상승폭이 커질 수 있습니다.

8) 전환사채(CB : Convertible Bond) 발행

주식으로 전환권이 인정되는 사채를 말합니다. 회사는 채권을 발행하면서 일정주가에서 주식으로 전환할 수 있는 전환권을 부여하고 회사 입장에서는 주식전환권을 부여하는 대신 시중 금리보다 낮은 금리로 채권을 발행할 수 있고 투자자 입장에서는 일정 부분 이자를 받을 수 있으면서 주가 상승시점에서는 주식으로 전환해서 시세차익을 얻을 수 있는 장점이 있습니다.

전환사채를 주식으로 전환하면 회사에서는 부채비율이 감소하는 긍정적인 면이 있지만 주식시장에 유통주식수가 증가하면 주가에는 부담으로 작용할 수 있습니다.

전환사채 발행이 과다하게 많은 기업은 주가 상승 시 전환주식이 매도로 나오면서 주가상승에 부담으로 작용할 수 있습니다.

9) 신주인수권부 사채(BW : Bond with Warrant) 발행

사채권자에게 일정기간이 경과하면 일정한 가격으로 발행회사의 신주를 인수할 수 있는 권리가 부여된 사채를 말합니다.

분리형 신주인수권부 사채는 사채권과 신주인수권이 별도의 증권으로 분리되어 있는 신주인수권부사채로 신주인수권만 분리하여 신주인수 청약을 할 수 있지만 신주인수권을 행사하지 않으면 만기시에 자동 소멸됩니다.

비분리형 신주인수권부 사채는 사채권과 신주인수권이 병행 표시되어 분리 양도가 안 되는 신주인수권부 사채입니다.

신주인수권부 사채는 투자자 입장에서는 일정한 이자소득과 주가 상승 시 신주인수권 행사로 시세차익을 얻을 수 있는 장점이 있습니다.

신주인수권 행사 후에도 사채는 존속하기 때문에 일정한 이자와 원금을 확보할 수 있다는 장점이 있습니다.

3-3. 유상증자 이해

1) 유상증자는

회사에서 추가자본이 필요할 때 주식을 추가발행하여 자본을 조달하는 방법인데 유상증자로 자본금이 증가하고 부채비율이 감소하고 유통주식수가 증가합니다.

1-1) 주주우선공모 방식

기준일 현재 주식보유 주주에게 할인가격으로 신주배정 공개모집 하는 방식입니다. 유상증자를 발표하면 유통주식수가 증가한다는 부담으로 일시적으로 주가하락하는 악재로 작용할 수 있습니다.

배정기준일까지 주식을 보유하고 있는 주주가 유상증자에 참여할 수 있고 주식매매는 3일 결제일이기 때문에 배정기준일 하루전에 유상증자 권리락을 합니다.

권리락 이후에는 주식을 매도해도 유상증자청약 기간중에 청약을 할 수 있고 회사는 청약기간 전 일정 기간동안 신주인수권을 발행하고 유상증자청약을 할 수 있는 신주인수권은 주식계좌로 매매가 가능합니다.

유상증자 청약

유상증자 신주인수권을 보유한 투자자는 청약기간 중에 일정 금액을 납부하고 청약신청을 해야 신주를 받을 수 있습니다.

주주우선 배정방식을 기준일 현재 주식을 보유한 모든 주주에게 유상증자 청약 권리가 있는 것으로 대주주나 주요주주 참여 여부에 따라서 주가에 호재 악재로 작용할 수 있습니다.

대주주나 주요주주가 유상증자청약에 참여하지 않는다는 것은 향후 주가 상승을 기대하기 어렵다는 전망으로 해석하면서 주가에는 부정적으로 작용합니다.

대주주나 주요주주가 유상증자 실권주까지 인수한다면 향후 주가 상승을 기대할 수 있는 호재로 작용합니다.

신주발행 가격 결정은 신주배정 기준일 전 3거래일을 기산일로 1개월 가중산술평균주가와 1주일 가중산술평균주가 중 낮은 금액에 할인율을 적용해서 1차 발행가격을 결정하고 구주주 청약일전 3거래일을 기산일로 1주일 가중산술평균주가 및 기산일 종가 중 낮은금액에 할인율을 적용 2차 발행가격을 결정해서 1차 발행가격과 2차 발행가격 중 낮은 가격으로 확정발행가를 결정합니다.

회사입장에서는 유상증자로 더 많은 자본금을 확보하기 위해서는 유상증자 확정발행가격이 낮은 것보다는 높은 것이 더 유리하기 때문에 유상증자 청약 전에 주가 하락보다는 주가상승을 유도하는 호재를 발표하는 곳도 있습니다. 유상증자 참여는 향후 주가 상승을 기대할 수 있는지, 회사의 향후 전망분석이 중요하고 개별기업 중에는 유상증자를 위해서 주가 상승을 인위적으로 만들고 높은 가격에 유상증자를 발행하고 유상증자 후에 주가 하락폭이 커지는 경우도 있습니다.

기업실적이 좋은 기업은 유상증자 신규상장 후에 매도물량소화 과정이 끝나면 매물대 없이 주가 상승을 만들 수 있습니다.

유상증자는 유상증자 발표 전후와 청약기간 전후 신주상장 전후를 잘 살펴보면 주식매매로 수익을 얻을 수 있는 기회가 있습니다.

1-2) 제3자 배정 방식

기준 주주가 아닌 특정인 제3자를 신주인수자를 정해놓고 하는 유상증자

자본금, 자기자본, 발행주식수가 증가하지만 신주인수자가 미리 지정해 놓고 하는 유상증자

제3자 배정 유상증자는 기존주주 방식 유상증자가 주가 하락으로 실패할 부

담이 있거나, 경영권이나 지분을 제3자에게 매각할 때 이용합니다.
제3자 유상증자 절차는 제 3자와 계약서 체결하고 이사회 결의하고 신주발행 2주 전 공고하면 유상증자에 참여하는 제 3자가 주금을 납입하고 회사에서는 신주상장예정일에 주식을 발행 상장하게 됩니다.

회사가 부채증가로 자기자본잠식으로 채권자에게 특정 이익을 보장하고 제3자 유상증자를 실시하기도 합니다. 이런 경우는 자금난을 해결하고 자본잠식으로 인한 퇴출을 방지하기 때문에 통상 주가에 호재로 작용하기도 합니다.

- 2021년 1월 22일 대우조선해양 제 3자 배정 유상증자

1-3) 일반공모 유상증자

유상증자 신주인수 대상자가 불특정 다수를 대상으로 공개모집하는 유상증자입니다.

일반공모를 하는 회사는 자금이 필요한데 외부에서 자금을 구하기 어렵고 기존 주주에게 신뢰를 얻지 못해서 주주배정방식 유상증자 성공이 낮기 때문에 불특정다수에게 할인된 가격으로 주식을 발행하고 자금을 구하는 방법입니다.

일반공모 유상증자는 대주주나 주요주주, 기존 주주가 참여하지 않으면 발행주식수만 증가하면서 주가에 악재로 작용하게 됩니다.

3가지 유상증자 방법 중에 주가에 가장 악재로 작용하는 일반공모유상증자는 증자에 참여자가 적어서 실권주가 발행하는 경우도 있습니다.

배현철의 꿀팁
보유주식이 일반공모 유상증자가 발표되면 보유하지 않는 것이 유리합니다.

2) 무상증자는

기업이 여유자금(잉여금)으로 주식을 발행하고 기존 주주들에게 돈을 받지

않고 신주를 배정하는 방식입니다.
예를 들어

1주당 신주배정주식수가 0.5 라면 주식 10주를 보유한 주주에게 5주를 배정한다는 것이고 신주배정일 1일 전에(주식매매는 3일 결제 이기 때문에 신주배정일 2일 전에 주식을 보유한 주주까지 무상증자를 받을 수 있습니다.) 권리락을 하게 됩니다.

무상증자 전후 기업가치는 변함이 없지만 무상증자 이후 권리락이 발생하면서 주가가 싸게 보이는 효과가 있고 주주환원정책으로 무상증자 발표시점에서는 단기적으로는 호재로 작용하지만 무상증자로 발행주식수가 증가하면서 주가상승에 부담으로 작용하게 됩니다.

연말에 주주에게 주식배당을 하는 대신 12월 30일을 기준으로 무상증자를 발표하는 기업이 있는데, 주식배당을 받으면 배당소득세 가 있기 때문에 세금감면 효과를 기대하면서 무상증자를 하기도 합니다.

〈동시호가 예시〉

* 아침 8시부터 9시까지 주문을 접수해서 9시에 시초가를 결정하고, 장마감 전 3시20분부터 3시 30분까지 주문을 접수해서 종가를 결정하는 동시호가 시간이 있습니다.

* 장중에는 매수, 매도 호가를 보면서 자유롭게 매매를 할 수 있지만 동시호가 시간에는 모든 주문을 체결 가능한 가격의 중간지점에서 단일가격으로 체결을 시킵니다.

* 아래와 같은 주문내용을 보면서 동시호가 체결시스템을 설명하겠습니다.

배현철의 예시
매도 10,000원 100주 매수 9,700원 300주
9,900원 400주 9,900원 300주
9,800원 200주 11,000원 300주

1) 가장 고가매수를 하겠다는 주문과 가장 저가로 매도하겠다는 주문을 먼저 체결시킵니다.

매수 11,000원 300주 하고, 매도 9,800원 200주 체결

- 매수 11,000원 100주가 미체결됐습니다.

2) 매수 11,000원 100주 하고, 매도 9,900원 400주 중 100주 체결

- 매도 9,900원 300주 미체결됐습니다.

3) 매도 9,900원 300주 하고, 매수 9,900원 300주 체결

⇒ 동시호가 가격 9,900원으로 결정되었습니다.

*10,000원에 매수 주문이나, 9,800원에 매도 주문 모두 9,900원에 체결이 되었습니다.

4) 매수 9,700원 (싸게 사자) 매도 10,000원 (비싸게 팔자) 주문은 체결 안 되었습니다.

배현철의 꿀팁

동시호가에 매수 주문은 고가로, 매도 주문은 저가로 해야만 체결가능성이 높습니다.

8장

실전 매매 기법

1. 기술적 분석의 모순

주식 공부를 하는 것은 주식매매로 수익을 얻기 위한 방법을 찾는 과정입니다. 주식시장은 정해진 공식으로 움직이는 합리적인 시장이 아니고, 그때 그때 시장 상황에 맞게 주식가격을 결정하는 불합리한 시장입니다.

주식가격은 현재 주식시장에서 시장 참여자들이 느끼는 복합적인 요인으로 결정되고 재료와 수급으로 결정되지만 재료보다는 수급이 우선 합니다.

〈주가는 시장이 결정한다〉는 생각으로 내가 매수한 가격은 중요한것이 아니고, 지금보다 주식가격이 상승한다고 생각하면 보유하고 지금보다 주식가격이 하락할 것이라고 생각한다면 매도한다는 단순한 생각으로 대응이 필요합니다.

1) 자기 주관적인 예언

주식가격은 분석하는 사람과 분석하는 방법에 따라서 예측이 다를수 있다는 것을 인정하려고 하지 않고 자기의 입장에서 유리한 방향으로 예측하면서 고집을 부리면 손실폭이 커질 수 있습니다.

사람은 자기에게 유리한 정보만 수용하려고 하는 심리를 가지고 있습니다.

2) 과거자료의 분석으로 미래예측이 가능한가?

역사는 반복된다는 생각으로 과거 경험을 가지고 주가 대폭락이나 시세분출 시점에서 주식시장에 나타나는 현상을 가지고 매매대응을 할 수 있습니다.

주식가격은 현재 주식시장에서 일어나고 있는 복합적인 재료와 수급에 따라서 결정하고 시대의 변화나 주식시장에서 투자자들이 느끼는 매매심리에 따라서 변화가 나올 수 있기 때문에 주식시장에 순응하는 대응이 필요합니다.

같은 재료를 가지고 현재 시장 참여자들이 느끼는 매매심리에 따라서 호재로 작용할 수도 있고 어떤 때는 악재로 작용할 수 있습니다.

예전에 호재였으니까 이번에도 주식시장에 호재로 작용할 것이라는 생각을 하지 말고 지금 시장에서 나타나는 매매심리에 순응하는 대응이 필요합니다.

> **배현철의 꿀팁**
> 내 생각은 주식가격에 전혀 영향을 주지 않는다.

3) 랜덤워크 이론

확률변수가 무작위적으로 변동할 때 이러한 확률변수를 랜덤워크(random walk process)에 따른다고 합니다.

주가는 랜덤(임의대로) 움직이기 때문에 과거의 자료만 가지고 주식가격을 예측할 수 없다는 이론입니다.

2013년 노벨경제학상 수상자 유진파마 교수가 주장한 〈효율적 시장 가설〉에 따르면 시장의 정보는 즉시 주가에 반영되므로 미래의 주가를 예측할 수 있는 새로운 정보라는 것은 존재할 수 없고, 미래의 주가를 예측할 수도 없다.

통계적으로 분석해보면 특정 기업의 전일 주식가격과 다음날 주식가격의 상관관계는 거의 없는 것으로 나타났습니다.

랜덤워크 이론에 따르면 투자자가 일시적으로 시장 수익률보다 일시적으로 높은 수익률을 기록할 수는 있지만, 지속적으로 시장 수익률 보다 높은 수익률을 기록할 수는 없습니다.

4) 기술적 분석의 모순

기술적분석은 오늘 상승한 주식가격은 내일도 상승할 것이라는 기대를 가지게 하는데, 검증한 결과 과거의 주식가격 변동과 현재와 미래의 주식가격 변동 상관관계는 거의 일치하지 않는 것이 실증 되었습니다.

경우에 따라서는 주식가격 상승이 연속적으로 나타날 수도 있지만, 그것은 특별한 현상이 아니라는 것입니다. 동전을 던져서 앞면과 뒷면이 나올 확률은 50:50이지만 연속적으로 앞면이 나올 수도 있고 주식가격이 계속해서 상승이나 하락이 이어지는 것은 동전 던지기 에서 앞면이 연속적으로 나오는 현상과 다르지 않다는 것입니다.

차트의 완성은 현재 주가에 나타난 모든 호재 악재가 반영된 결과가 표시된 것이고, 후행성이기 때문에 추세가 형성된 후에 추격매수를 하거나, 추세가 이탈된 후에 매도를 할 수밖에 없습니다.

모든 사람이 기술적분석에서 나타나는 차트를 보고 매매를 한다면 효율성이 저하되고 결국 자기모순에 빠지게 됩니다.

5) 차트분석의 자의성

동일한 차트를 보더라도 보는 시각이나 분석하는 관점에 따라서 다르게 해석할 수 있고, 어떤 사람은 상승으로 판단하지만 다른 사람은 하락으로 판단할 수도 있습니다.

- 주식을 보유하고 있는 투자자는 주가상승으로 보고싶어 하고, 주식을 매도한 투자자는 주가 하락으로 보고싶어 하는 매매심리를 보입니다.

저항선을 돌파하려는 시도를 예상하고 먼저 매수를 하고 주가상승시점에서 초과수익을 얻을 수 있지만 예상이 빠르면 빠를수록 불확실성도 커지고, 기술적분석의 매매 시그널을 미리 예상하고 매매하려고 하는 경쟁자가 많아질수록 기술적분석 기법 개발은 어렵습니다.

기술적분석으로 나타나는 차트는 주식시장 참여자들의 매매심리를 표시하는 유용한 지표입니다. 차트는 미래를 예측하는 도구보다는 현재 시장에서 주식가격을 나타내는 매매심리로 해석하면서 무작정 따라하기보다는 기본적 분석과 함께 사용할 때 성공확률을 높일 수 있습니다.

> **배현철의 꿀팁**
> 주식매매에서 완전한 매매기법은 없습니다.

2. 이동평균선 매매 기법(기술적 분석 대응)

1) 주가가 이동평균선을 상향돌파하면 매수

이동평균선은 일정한 기간(5일 이동평균선은 5일간 주식가격의 평균을 이어놓은 선이고 20일 이동평균선은 20일간 주식가격의 평균을 이어놓은 선입니다) 주식가격의 평균을 표시하고 있기 때문에 현재주식가격이 이동평균선을 상향돌파하였다는 것은 그동안 형성되었던 주식가격을 상향하는 매수가 강하게 들어온다는 신호로 해석하면서 주식 매수로 대응하고

2) 주가가 이동평균선을 하향돌파하면 매도

현재 주식가격이 이동평균선을 하향이탈하였다는 것은 매도가 강하게 나오면서 새로운 변화가 나타난 것으로 해석하면서 주식매도로 대응합니다.

3) 정배열 상태에서는 주식매수 보유

주식가격이 하락에서 상승을 시작하면 제일 먼저 단기(5일) 이평선이 상승을 시작하고 중기(20일, 60일) 이평선과 장기(120일) 이평선이 순차적으로 상승 전환하면서 상승추세를 이어가게 됩니다.

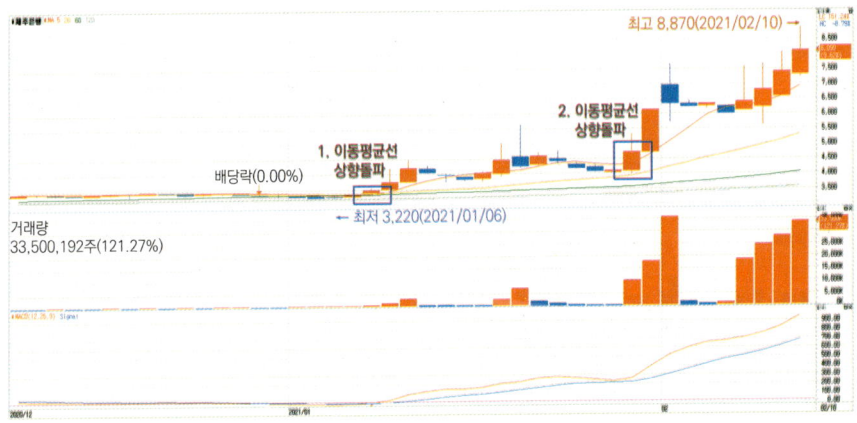

1. 주가 횡보하다가 5일 이평선 돌파-1차 매수
2. 주가 눌림목조정하다가 5일 이평선돌파-2차 매수

위로부터 단기(5일) 중기(20일, 60일) 장기(120일) 이평선이 형성되는 것을 〈정배열상태〉라고 하고, 주식가격이 5일 이평선 위에서 정배열 상태에서는 〈상승추세중〉으로 판단하면서 주식보유 추가매수로 대응합니다.

- 정배열 상태에서는 강세장 지속 가능성

주가 급등으로 중·장기 이평선 간에 이격률이 벌어지면 과매수시점에서 이격률을 축소하는 눌림목조정이 나오면서 매수 매도 세력 간에 손바뀜 현상이 나오게 됩니다.

4) 역배열 상태에서는 주식 매도

주식가격이 상승추세를 유지하다가 하락전환할 때는 가장 먼저 단기(5일) 이평선이 하락을 시작 하면서 순차적으로 중기(20일, 60일) 이평선과 장기(120일) 이평선이 하락전환합니다.

위로부터 장기(120일) 중기(20일, 60일) 단기(5일) 이평선이 형성되는 것을 〈역배열상태〉라고 하고 주식가격이 역배열 상태에서는 〈하락추세중〉으로 판단하면서 주식매도, 비중축소로 대응합니다.

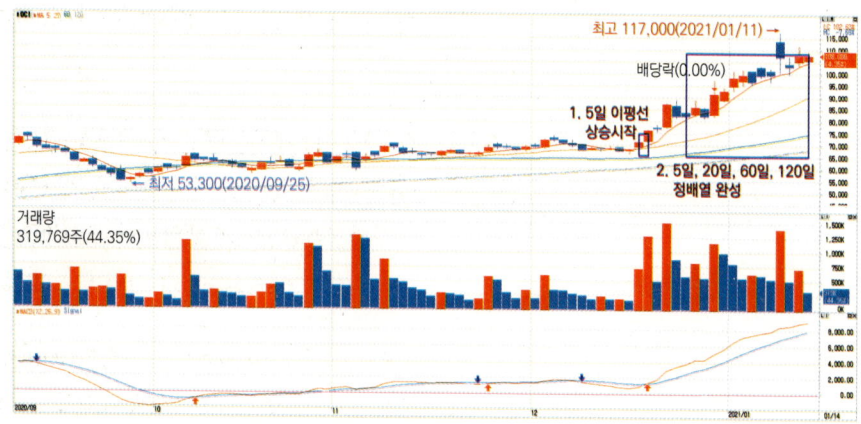

1. 5일 이평선 상승시작-정배열 초기-매수
2. 위에서 부터, 5일 20일 60일 120일 이평선 정배열-주식보유

> **배현철의 꿀팁**
>
> 주식가격은 매일 매일 시장 변화에 따라서 상승과 하락을 반복하면서 음봉과 양봉을 만들고, 시세변화는 한순간에 만들어지기 때문에 기술적분석으로 차트에 보이는 대로 단순한 대응이 필요합니다.

- 역배열 상태에서는 약세장 지속 가능성

주식가격 저점은 시장이 결정하는 겁니다. 많이 빠졌다는 생각으로 〈역배열 상태〉에서 추가매수(물타기매수)하면 매매심리를 위축 시키면서 손실폭이 커질 수 있습니다.

> **배현철의 꿀팁**
> 역배열 상태가 상당 기간 지속된 이후
> 단기 이동평균선이 더이상 하락하지 못하고 상승하기 시작하면 바닥
> 권 예상 분할매수

5) 이동평균선 수렴시점은 변곡점

주식가격이 상승이나 하락추세를 이어가지 못하면서 단기(5일) 이평선과 중기(20일, 60일) 이평선과 장기(120일) 이평선이 이격률을 축소하면서 이동평균선이 밀집되어 모여있는 현상을 〈이동평균선이 수렴한다〉고 하고 주가 하락추세에서 이동평균선이 수렴하는 시점은 강력한 지지선으로 주가 변곡점으로 주가반등을 기대할 수 있지만 이동평균선수렴지점을 하향 이탈하면 주식가격 하락폭이 커질 수 있습니다.

이동평균선 수렴시점에서 급격한 가격변동이나 평균 거래량보다 크게 거래량이 증가하는 것은 시장 참여자들의 관심이 증가하는 신호로 해석하면서 새로운 추세를 만드는 변곡점으로 해석합니다.

6) 골든 크로스(Golden Cross)

주식가격이 하락추세에서 상승으로 전환하면서 단기(5일) 이평선이 중기(20일) 이평선을 상향 돌파하면서 상승추세로 전환하게 되는데, 단기 이평선이 장기 이평선을 상향돌파하는 것을 골든 크로스라고 하고 골든 크로스는 매수보유 시점으로 판단합니다.

골든 크로스는 단기이평선이 중기이평선이나 장기이평선을 상향 돌파하는 것으로 20일 이평선이 60일 이평선을 돌파하거나, 60일 이평선이 120일 이평선을 돌파하는 것도 골든 크로스라고 합니다.

골든 크로스는 주가하락추세에서 상승을 시작하는 상승추세전환시점 에서 제일먼저 5일 이평선이 20일 이평선을 상향돌파하고 5일 이평선이 60일 이평선을 순차적으로 돌파하면서 정배열 상태를 만듭니다.

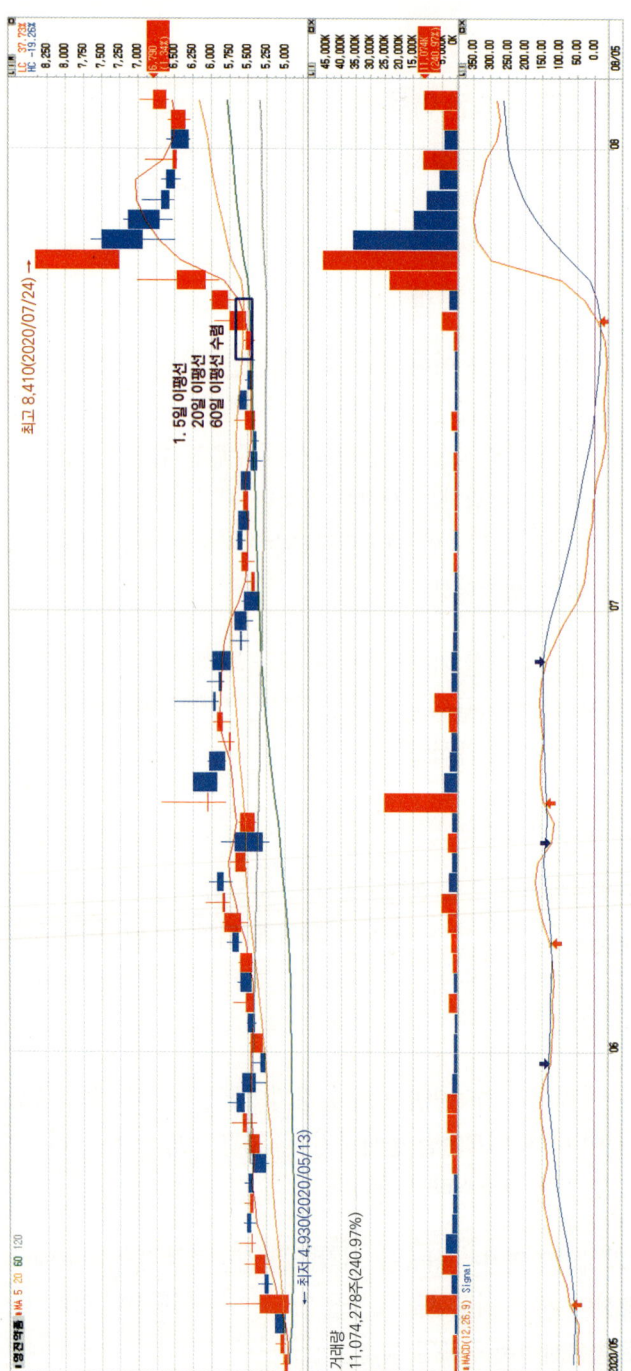

1. 5일,20일,60일 이동평균선 수렴
- 지지선으로 작용 하면서 상승시작 : 매수시점

160 · 주식 교과서

7) 데드 크로스(Dead Cross)

주식가격이 상승추세에서 하락으로 전환하면서 단기(5일) 이평선이 중기(20일) 이평선을 하향이탈하면서 하락추세로 전환하게 되는데, 단기 이평선이 장기 이평선을 하향이탈하는 것을 데드 크로스라고 하고 데드 크로스는 주식 매도 시점으로 판단합니다.

데드 크로스는 단기이평선이 중기이평선이나 장기이평선을 하향 이탈하는 것으로 20일 이평선이 60일 이평선을 하향이탈하거나, 60일 이평선이 120일 이평선을 하향이탈 하는 것도 데드 크로스라고 합니다.

데드 크로스는 주가상승추세에서 하락을 시작하는 하락추세전환 시점에서 제일 먼저 5일 이평선이 20일 이평선을 하향이탈하고 5일 이평선이 60일 이평선을 순차적으로 하향이탈하면서 역배열 상태를 만듭니다.

3. 거래량 이용 매매(기술적분석 대응)

1) 거래량 증가는 주식가격 변곡점이다.

"거래량이 주가의 그림자다."라는 증시격언이 있습니다.

주식가격이 상승추세 중에 고점을 만들거나, 하락추세 중에 저점을 만드는 경우에는 먼저 거래량이 증가하면서 변곡점을 만들게 됩니다.

주가 하락추세 중에 바닥권에서 전일거래량 이상 급증하는 현상은 시장 참여자들의 매수 관심이 증가한다는 신호로 해석하면서 주가 바닥권에서 매수로 대응하고 주가 상승추세중에 전일 거래량보다 거래량이 증가한다는 것은 시장 참여자들의 관심이 최고로 증가 하면서 매매 공방을 벌이는 것으로 해석하고 최근일 기준으로 가장많이 거래되었던 거래량 이상으로 거래되면 주가 단기고점으로 판단합니다.

2) 거래량 바닥이 주가저점이다.

〈밀짚모자는 겨울에 사라〉라는 증시격언이 있습니다.

주가하락하면 시장 참여자들의 관심에서 벗어나면서 거래가 감소 하면서 보유하고 있는 투자자의 매매심리를 극도로 위축시킬 수 있습니다.

주식가격변화 시작은 시장 참여자들의 매매심리와 관심에 의해서 형성됩니다. 실적이 좋고, 재무구조가 양호한 기업 주가도 시장 참여자들의 관심을 받지 못하면서 주식시장에서 소외되는 시점이 있지만 주가는 실적을 먹고 성장한다는 생각으로 매수대응을 한다면 거래량이 최소수준까지 감소하는 시점이 좋은 주식을 싸게 살 수 있는 기회입니다.

거래량이 적은 시점에서 주식을 매수 보유한다는 것은 상당한 인내심이 필요하고, 중기적인 대응이 필요한 전략입니다.

4. 급등 갭 급락 갭 이용 방법(기술적분석 대응)

1) 급등갭 발생

주식가격은 일정한 추세와 패턴을 가지고 움직이는 특성이 있지만 예상하지 않았던 호재가 나오면 주식가격이 전일 주식가격보다 급등하면서 캔들 차트에서 급등갭이 발생하게 됩니다.

급등갭 발생 후에 조정을 받지 않고 추가상승을 하면서 주식시장에 온통 호재만 나오고 시장참여자들의 매수 심리가 강하게 작용하지만 〈갭은 메운다〉는 것이 정설입니다.

갭 상승 후 주식가격이 고점을 만들면서 하락하면 주식가격 하락속도나 하락폭이 급하게 변화를 보이면서 갭상승 전 가격까지 주가 하락하고 캔들 차트상에서 갭을 메우는 하락조정이 나올 수 있습니다.

급등갭 연속은 작전세력이나 인위적인 매수세력이 주가를 상승시키면서 시장 참여자들의 추격매수를 유도하는 과정으로 판단합니다.

2) 하락갭 발생

주식가격이 예상하지 않았던 돌발악재가 나오면 주식가격이 전일 가격보다 급락하면서 캔들 차트에서 급락갭이 발생하게 됩니다.

주가 급락하면 급격하게 매매심리가 위축되면서 온통 악재만 보이는 것이 주식시장이지만 상장폐지나 실적악화 등 기업의 존폐에 영향을 주지 않는 악재라면 단기악재로 작용하고 주가 반등 시점에서는 갭하락 전까지 주가회복하며 하락갭을 메우는 주가상승이 나오는 것이 통상적인 현상입니다.

하락갭 발생 후 주가상승으로 하락하기 전 주식가격까지 반등을 보이지 못하면서 하락갭을 메우지 못하고 추가하락한다면 추가 하락폭이 커질 수 있습니다.

회사의 본질가치를 훼손하는 재료로 급락갭 발생은 주식매도로 대응하세요.

5. 독자적인 매매 기준 정립

1) 주식 공부는 주식매매로 수익을 얻는 것이 최종목표입니다.

아무리 좋은 정보를 알고 있고, 공부를 열심히 해서 이론적으로 완벽한 무장을 했더라도 실전 매매에서 수익을 얻지 못하면 아무 소용이 없습니다.

주식시장에는 수많은 정보와 다양한 매매 기법이 넘치면서 순간순간 우리들의 매매심리에 변화를 주고 수도 없이 매매에 대한 갈등과 혼돈을 주고 있습니다. 주식매매에서 승리하기 위해서는 남보다 특별한 기법이 필요하기도 하겠지만, 알고 있는 내용을 그대로 실전 매매에서 실천을 할 수 있는 것이 가장 중요합니다.

차트분석을 통해서 매매시점을 분석했다면 차트에서 지표가 나타나는대로 보이는 대로 기계적으로 매매를 하는 대응이 필요합니다.

> **배현철의 꿀팁**
>
> 주식매매는 단순한 사고를 가진 사람이 잘 할 수 있습니다.

2) 자신에 맞는 매매기준

주식매매는 자신과의 싸움입니다. 손실과 피해도 우리 스스로의 책임이고 수익을 얻는 기쁨도 우리 자신의 몫입니다.

손실이 발생하면 주식매매로 잘못된 부분을 파악하고 그다음 매매에서는 잘못된 매매를 하지 않으면 되고 수익을 얻으면 주식매매로 수익을 얻는 방법을 습득하고 계속해서 수익을 얻은 매매 기법으로 반복하면서 수익을 극대화하면 됩니다.

자신에 맞는 매매기준이 없으면 수많은 변수와 싸워야 하는 주식시장에서 시장 분위기에 따라 다니면서 우왕좌왕할 수밖에 없습니다. 잘못된 매매를 고쳐나가고 잘 된 매매는 발전시키면서 자신만의 매매기준을 만들어가는 것이 중요합니다.

> **배현철의 꿀팁**
> 주식시장은 우리가 이세상을 떠난 이후까지 계속 매매가 이루어 집니다. 오늘이 마지막 날인 것처럼 매매에 덤비지 마세요!!

6. 상승 종목에 편승하라.

1) 하락추세 중에도 주식가격이 하락만 하는 것이 아니고 상승과 하락을 반복하면서 하락하기 때문에 하락추세 중에서도 매매시점에 따라서는 수익을 얻을 수 있지만 하락추세에서는 주식가격 상승 시 매도 심리가 강하게 작용하면서 수익을 얻을 수 있는 확률보다는 손실을 볼 수 있는 부담이 커집니다.

상승추세 중에서도 주식가격이 상승과 하락을 반복하기 때문에 매매 시점에 따라서 손실을 볼 수도 있지만 주가상승추세에서는 조정시 매수하겠다는 매매심리가 강하게 작용하면서 수익을 얻을 수 있는 가능성이 커집니다.

5일 이평선을 수급선, 20일 이평선을 생명선이라고 합니다.

처음 주가가 상승추세로 전환되거나 하락으로 이탈을 할 때에는 단기(5일) 이평선이 제일 먼저 상승전환을 합니다.

주식가격이 장중에 수시로 변화를 보이지만 5일 이평선의 지지가 된다면 매수보유하고 하락 이탈에 따라서 보유비중 조절이 필요합니다. 20일 이평선은 차트분석에서 생명선이라고 하고 20일 이평선 이탈시는 매도, 비중 축소로 대응이 필요합니다.

기본적 분석을 중요시하는 투자자는 차트를 보지 않고 장기투자로 수익을 얻을 수 있지만 신규로 매수 접근하는 시점은 주가 상승추세 중 확인하고 매수를 하세요.

> **배현철의 꿀팁**
> 내가 좋아하는 주식을 매수하는 것이 아니고 세상이 좋아하는 주식을 매수하는 것입니다.

2) 추세전환 시점

주식가격은 상승이나 하락으로 일정한 방향을 만들면서 그쪽 방향으로 지속하려고 하는 특성을 가지고 있는데 그것을 추세라고 합니다.

추세는 한 번 만들어지면 그쪽 방향으로 가고자 하는 관성이 작용하기 때문에 조그마한 환경변화에도 방향을 전환하지 않고 지속하는 관성을 가지고 있습니다.

주식가격이 상승추세나 하락추세를 만들면 지속하게 되지만 주식가격은 영원히 상승이나 하락만 하는 것이 아니기 때문에 추세전환점이 나오게 되는데 추세전환점은 거래가 급증하면서 그동안 안 보였던 매매심리가 나오는 것이 보통 현상이고 급격히 반대방향으로 전환하는 것은 아니지만 그동안 만들었던 방향을 전환하면서 상승추세에서 하락추세로 전환하면 주식매도 비중축소 시점이고, 하락추세에서 상승추세 전환은 매수 비중확대 시점입니다.

추세전환을 알려주는 보조지표는 거래량증가, MACD추세선 골든 크로스 등이 있지만 캔들 차트에서 하락추세전환은 주가고점이 점차 낮아지고, 상승추세전환은 주가저점이 점차 높아지는 모습을 보입니다.

> **배현철의 꿀팁**
> 하락추세 중에 적당히 하락했다는 나만의 생각으로 주식매수하면 안 됩니다.

9장

단기 매매 기법

단기 매매는 장중 주가변동폭을 이용해서 수익을 얻는 매매대응 방법으로 순간적인 주식변동을 이용해서 하루에도 여러번 매매를 하는 Scalping(초단타)와 하루중 주가변동폭을 이용해서 매매를 하는 Day trader와 하루에서 일주일정도 여유를 두고 매매를 하는 Swing trader로 구분합니다.

단기 매매는 회사의 재무재표나, 실적, 성장성 등을 중요하게 생각하는 기본적분석보다는 차트모양을 보고 단순하게 매매 대응을 하면서 작은수익을 여러번 얻겠다는 매매방법이니까 지금 현재 주식시장에서

1) 단기테마를 만들고 있는 종목,

2) 매수, 매도를 자유롭게 할 수 있는 충분한 거래량이 있는 종목,

3) 주식시장 참여자들의 관심이 집중 되고 있는 시장 주도주 중에서 종목 선정이 필요합니다.

단기 매매는 단기재료를 이용한 매매 방법이니까 매수시점부터 이익실현 매도가격과 손절가격을 정해서 손절가격 이탈 시는 매도하는 기계적 매매대응이 필요합니다. 단기 매매 종목은 물려서 장기보유하면 손실폭이 커질 수 있습니다.

> **배현철의 꿀팁**
> 단타는 단타로 끝내라

1. 단기 매매 종목 선정 기준

1) 단기테마 형성 종목

주식시장은 항상 변화를 하고 새로운 테마를 만들면서 순환하는 특성을 가지고 있지만 테마는 영원하게 유지되는 것은 없습니다.

테마종목은 주식시장을 움직이는 특성 매수세력이 만들면서 시장 참여자들의 매수관심을 유도하지만 주가상승을 주도했던 테마가 소멸되면 주가는 하락폭을 확대하면서 원위치로 복귀한다는 특성을 감안해서 기계적인 매매대응이 필요합니다.

테마종목은 실적을 무시하고 주가상승을 보이기도 하지만 신약개발, 신기술 발표, 인수합병 등 테마를 만들었던 재료가 소멸되면 급격하게 매도압박이 커지면서 주가 하락폭이 커질 수 있기 때문에 단기 매매로 매수했다가 물려서 보유하면 손실폭이 커질 수 있습니다.

테마종목 매매는 주식시장 분위기와 매매심리가 급격하게 변경되면서 주가 변동폭이 커질 수 있으니까 이익실현 매도가격과 손실보전 손절가격을 미리 정하는 매매 대응이 필요합니다.

2) 거래량 증가 종목(하루 거래량 100만주 이상)

평소거래량이 없던 종목이 거래량이 증가하였다는 것은 주식시장참여자들의 관심을 받기 시작했다는 신호로 해석이 됩니다. 하루 거래량이 적은 종목은 적은 거래량으로 주가가 급등락을 만들 수 있기 때문에 매매대응을 자신의 의지대로 할 수가 없습니다.

주식가격 바닥권에서 거래량이 증가하는 종목은 주식가격에 영향을 줄 수 있는 호재가 발생하였거나, 호재를 먼저 알고 있는 시장 참여자들이 매수를 하였다는 의미로 거래량이 증가하면서 주식가격 상승 시점에서는 기대 이상으로 주가 상승폭이 커질 수 있습니다.

단기 매매는 단순하게 차트를 보면서 기계적으로 매매를 하는 방법 이기 때문에, 예상하지 않았던 돌발악재가 발생하면서 주가 하락폭이 커질 때는 자신이 매수한 가격과 손실범위 등을 생각하지 말고 기계적으로 매도를 하는 대응이 필요합니다.

> **배현철의 꿀팁**
> 단기 매매는 열 번 수익을 얻다가 한 번 크게 손실로 모든 것을 잃을 수 있습니다.

3) 시장주도종목 공략

시장주도주는 매수세력이 있고, 시장 참여자들의 매수관심이 집중 되기 때문에 돌발변수가 없다면 주가 하락보다는 주가상승 가능성이 커지고 있는 종목입니다.

시장주도주는 조정시 매수하겠다는 매매심리가 더 크게 작용하면서 내일도 주가는 상승할 것이라는 기대로 마감시간이 임박할수록 주가 상승을 이어가는 특성을 보입니다.

시장주도주는 일정부분 주가상승하면 매도가 사라지면서 하루거래량이 감소하면서 주가상승을 이어가는 특성이 있지만 주식시장은 예상하지 않은 돌발변수가 나올 수 있기 때문에 주식가격고점에서 거래량이 증가하는 시점은 수익을 얻겠다는 욕심보다는 손실을 최소한으로 방지하겠다는 매매심리로 대응이 필요합니다.

주식시장은 항상 새로운 시장 주도주를 만들면서 순환하기 때문에 영원한 시장주도주는 없습니다. 다른 시장주도주로 관심이 멀어지기 시작하면 주가 하락폭이 커질 수 있습니다.

4) 돌발악재 발생 종목

주식시장은 예상하지 않았던 호재나 돌발악재가 언제든지, 어느 종목에서나 나올 수 있습니다.

재무구조가 우량하고, 기업실적도 양호한 종목이 돌발 악재로 주가 하락하는 시점은 단기 주가 변동폭이 커지면서 저가매수 기회가 될 수 있습니다.

주식시장은 호재보다는 악재에 민감하게 반응합니다. 시장참여자들의 머릿속에는 악재 기억은 오래 남아있으면서 주식을 매도 하겠다는 매매심리를 지속하는 특성을 생각해서 돌발악재로 주가 급락 시점에서는 Day trading 정도로 매매를 하고, 물려서 보유하는 Swing trader는 손실폭을 확대할 수 있습니다.

돌발악재가 회사의 생존에까지 영향을 주는 악재라고 생각하면 매수를 하면 안 됩니다.

> **배현철의 꿀팁**
> 악재발생으로 하한가로 마감하면 다음날 추가 하락합니다.
> 하한가를 기록한 종목이 하한가에서 반등으로 마감하면 다음날 주가 상승을 기대할 수 있습니다.

5) 수익보다는 손실방어가 중요

단기 매매는 단기간에 적은 수익을 여러번 쌓아가겠다는 매매대응이라는 생각으로 큰 수익보다는 손실관리가 중요합니다.

예를 들어서

1,000만원으로 50% 수익을 얻어서 1,500만원이 되었지만 다시 1,500만원에서 50%손실을 보았다면 내계좌잔고는 750만원이 됩니다.

50% 수익에서 다시 50% 손실을 보았다면 원금회복으로 생각되지만 오히려 원금손실이 됩니다.

① 1,000만 x 50%수익 ⇒ 1500만
   1,500만 x -50%손실 ⇒ 750만

1,000만원으로 50% 손실을 보면 500만원이 되고, 500만원에서 다시 원금 1,000만원이 되려면 200% 수익을 얻어야 합니다.

② 1,000만 x -50%손실 ⇒ 500만
   500만 x 200%수익 ⇒ 1,000만

6) 매수는 신중하게(분할) 매도는 신속하게

단기 매매는 단기에 주가변동을 이용해서 기계적인 매매대응이 필요하고 매수를 최소가격 싸게 해야 하고, 주가 상승시점에서 이익실현 매도는 신속하게 대응이 필요합니다.

매수는 분할해서 1차 50% 매수하고 추가상승 확인하면서 2차 50% 매수합니다. 1차매수 후 추가로 주가 하락하면 물타기매수하면 안 돼요.

매도는 1차 매수가격에서 추가로 하락하면서 설정되어 있는 손절가격 이탈하면 기계적으로 매도하고, 주가 상승 시점에서 이익실현 매도는 설정되어 있는 이익실현 매도가격에서 1차 50% 매도하고, 추가상승하면서 거래량이 폭발하는 시점에서 전부 매도해서 수익확정합니다.

1차 50% 매도 후 주가 하락하면서 1차 매도가격 이상으로 주가 상승하지 못하면 전부 매도해서 수익을 확정합니다.

2. 장중 매매의 원칙

1) 단기 매매 유형 선정

종목 선정이 되면 단기 매매는 주가변동을 이용해서 단기간에 수익을 얻겠다는 매매방법이기 때문에 기술적 분석 차트모양만 보고 기계적으로 매매해야 합니다.

초단타로 스켈퍼로 할 것인지 데이트레이딩으로 할 것인지를 선정하고 물려서 보유하면 안됩니다.

> **배현철의 꿀팁**
> 단기 매매종목은 장중 변동폭이 커지는 종목으로 매매하는 거니까 손절가를 이탈 하는데 매도 못 하고 보유하면 손실폭 커집니다.

2) 투자금액을 결정한다

단기 매매로 크게 부자되는 사람은 없습니다.

단기 매매는 자기 매매실력을 시험해보는 정도로 투자금액 10%이내에서 용돈벌기 정도로 생각하면서 매매를 합니다.

소액투자자는 분산투자의 어려움이 있지만 단기 매매에만 너무 흥미를 갖게 되면 투자금액이 커져도 단기 매매에 집중하면서 주식으로 크게 부자 될 수 있는 기회를 놓치게 됩니다.

적은 돈으로 큰 돈을 만들 수 있는 곳이 주식시장이지만, 한번에 크게 수익을 얻겠다는 생각보다는 적은 수익을 지속적으로 쌓아간다는 생각으로 단기 매매하세요.

3) 기술적 분석은 아는 대로 매매

단기 매매는 차트보양만 보고 매수신호 나오면 매수하고 매도신호 나오면 매도한다는 단순한 생각으로 아는 대로 매매하세요.

주가 상승할 때 호재가 있는지 찾아보고, 주가 하락하면 악재가 나왔는지 확인하면서 매수, 매도 시점 놓치면 안 됩니다.

주가상승시점에서 호재만 생각하면서 주가 상승할 것이라는 생각으로 이익실현 매도시점을 놓치고 장중고점에서 주가 하락하면 고점에서 매도 못한 것을 손해본 것으로 생각하면서 계속 보유하면 안 됩니다.

주가 하락하면서 정했던 손절가 이탈하는데, 단기악재로 주가하락 하니까 다시 상승할 것이라는 생각으로 주식보유하면 손실이 커집니다.

단기 매매 종목으로 매수했다가 물려서 보유하면서 주가 하락시점에서 상승하는 보유종목 매도해서 하락하는 종목 물타기매수 하면서 원치 않는 장기투자하면 마음고생 많이 합니다.

단기 매매는 내일도 다시 할 수 있으니까 손절가를 이탈하거나 목표가에 도달하면 기계적으로 매도하세요.

4) 정해진 손절범위 준수

단기 매매할 때마다 수익을 얻을 수는 없고, 손해금액보다 수익금액이 크면 전체 매매에서 수익을 얻을 수 있기 때문에 매수시점 부터 자신이 수용할 수 있는 범위(3~5% 이내) 에서 손절가격을 정하고 매매를 하세요.

주식매매는 수익을 얻는 것보다 손실을 최소로 하겠다는 생각으로 매매를 한다면 손실회수를 줄이고 수익을 얻는 회수를 높이는 방법이 있고, 손실금액은 적게 하고 수익금액을 크게 한다는 단순한 생각으로 매매하세요.

단기 매매를 하다보면 하루에도 여러번 매매를 하면서 3% 씩 수익을 세번 얻었지만, 한 번에 10% 이상 손실을 보면서 마음 고생을 하는 경우가 있는데,

반대로 3% 씩 손실을 세번 보았더라도 한 번 매매로 10% 수익을 얻을 수 있는 방법을 생각하세요.

주식가격이 변동하면 주식을 보유하고 있는 사람이나, 현금을 보유하고 주식을 매수하려고 하는 사람이나 마음이 불안해지고 시장의 분위기에 말려들어서 원하지 않는 매수 매도를 반복하면서 손실을 확대하게 됩니다.

단기 매매는 시작부터 정해진 손절가격을 꼭~ 반드시 지키는 대응이 생존할 수 있는 방법입니다.

5) 매수는 신중하게, 매도는 한번에

주식매매는 현금 있으면 언제든지 매수를 할 수 있지만, 주가상승할 때 이익실현 매도나 주가 하락할 때 손절가 매도는 생각보다 쉽지가 않습니다.

단기 매매는 기회가 여러번 있는 것이 아니고 순간적인 변화를 이용한 매매방법이기 때문에 매수가격을 가능한 싸게 저가매수를 해야 합니다. 한번에 전부 매수하고 주가하락하면 대응할 수 있는 방법이 없으니까 매수는 2번에 분할매수하고 손절가 매도나 이익실현 매도는 한번에 정리하는 선택이 필요합니다.

수익을 얻는 것보다 손실관리에 중점을 두고 1차 30% 매수하고 손절가 이탈하면 매도하거나, 주가 추가상승하면 2차로 70% 매수하는 방법이 있고, 손실을 어느 정도 수용하면서 수익을 얻는 것에 중점을 두고 1차 60% 매수하고 손절가 이탈하면 매도하거나 추가로 주가 상승하면 2차로 40% 추가매수하는 방법이 있지만, 각자 성향에 맞게 배분하세요.

> **배현철의 꿀팁**
> 주식매매 정답은 없어요. 각자 자기만의 패턴을 만드세요~~

6) 단기 매매 종목수를 최소한으로 선정

단기 매매종목은 현재 시장에서 매매관심이 높아지고 있는 이슈가 있는 종목으로 단기 변동폭을 이용한 매매방법이기 때문에 장중에 순식간에 변동폭이 커질 수 있고 주가 상승하다가 갑자기 주가 하락폭이 커질 수 있습니다.

주가상승 시점에서는 악재는 안 보이고 계속 상승할 것처럼 보이기 때문에 추격매수해서 종목수가 많아지면 장중 대응 관리가 쉽지 않습니다.

단기 매매종목을 여러개 선정했더라도 실제 매매 종목은 한 종목으로 선택과 집중해서 현재 매수 보유하고 있는 종목 매도 후 현금확보하고 다시 다른종목 매매를 하면서 수익을 극대화하세요.

보유종목수가 많으면 상승하는 종목이 여러개 있더라도 일부 종목 주가 하락폭이 커지면서 전체 투자금액대비 손해금액이 커질 수 있습니다.

보유종목 중에 주가 하락하는 종목이 있으면 하락하는 종목에 신경이 집중되면서 상승하는 종목 이익실현 시점을 놓치고 매매심리가 극도로 위축될 수 있습니다.

> **배현철의 꿀팁**
> 10승보다 1패를 조심해야 합니다.

7) 손절매 후 충분히 기다려라.

주식매매는 심리게임입니다.

단기 매매는 기간을 짧게 설정하고 하는 매매라는 생각으로 매매를 서두르게 됩니다. 장중매매에서 손실을 보게되면 손해를 빨리 만회하려고 매매심리가 조급해지면서 시장의 분위기에 원하지 않은 매매를 하면서 손실폭을 크게 만들고 멘탈이 흔들릴 수 있습니다.

장중 첫매매에서 손절을 했다는 것은 자신이 오늘 주식시장의 흐름을 잘못 분석했다는 것으로 인정하고 주가가 충분히 하락할 때까지 기다리는 매매심리의 안정이 필요합니다.

두 번째 매수를 하기 전에 오늘 주식시장 변화가 자신이 생각하고 있는 주식시장 방향과 다르게 움직이는 여러가지 변수를 다시 한번 확인하고 확실한 판단이 정해지기까지 매수를 자제하세요.

손실을 만회하겠다는 성급함으로 오늘 장중매매종목으로 선정하지 않았던 종목으로 매매를 하면서 감당할 수 없을 정도로 손실을 크게 만들 수 있습니다.

주식매매는 오늘로 끝나는 것이 아니고 내일도 주식시장이 열리고 언제든지 매매를 할 수 있지만 투자금액을 모두 잃으면 주식매매를 할 수가 없습니다.

배현철의 꿀팁
주식매매는 내일도 있다.

8) 단기 매매는 일반적인 주식매매와 동일하다.

데이트레이딩은 하루에 매매를 끝내야 한다는 시간적인 압박을 받을 수 있습니다.

중기, 장기 투자는 차트분석에서 일봉이나 주봉, 월봉을 활용하는 것이지만 데이트레이딩은 분봉을 보면서 매매 시점을 분석하고 대응하는 차이가 있습니다. 따라서 매수 시점이나 매도시점, 손절가격 등 결정은 일반 주식매매 할 때와 똑같은 생각으로 대응이 필요합니다.

단기 매매에서 초단타 매매(스켈퍼)로 들어갔다가 주식가격이 급등하면서 상승추세를 유지하고 있거나 상한가로 마감한다면 매도하지 않고 보유하면서 스윙매매가 될 수 있습니다.

주식시장이 수많은 변수로 하루에도 수십 번씩 변화를 보이는 특성을 생각한다면, 시장의 변화에 따라서 유연하게 대응하는 마음의 여유가 필요하고, 단기 매매 역시 자신이 원하는 가격에 오지 않으면 다음에 매매를 하겠다는 여유가 필요합니다.

주식으로 수익을 얻을 수 있는 매매 방법은 여러가지가 있지만, 어떤 방법이라도 수익을 얻는 것이 최선의 매매 방법이고 단기 매매나 중기매매나 차트를 보면서 대응하는 방법은 동일합니다.

> **배현철의 꿀팁**
> 꿩 잡는 것이 매입니다. 매의 눈으로 주식시장을 보세요!!

9) 시간별, 위험도, 경력등에 따라 투자자금 안배

장중매매는 시장 참여자들의 매수심리가 집중되는 종목으로, 거래가 활발하게 진행되는 시점에서 매매대응을 하면서 다른 사람들이 매수하기 전에 매수하고 다른 사람들이 매도하기 전에 매도를 하는 것이기 때문에 내 생각보다는 시장 참여자들의 매매심리가 중요합니다.

우리주식시장

오전 9시부터 10시 사이에는 시장 참여자들의 매매 관심이 극도로 증가하면서 주가 변동폭이 커지고 장중단기 매매하는 사람들이 매매를 활발히 하는 시간이니까 오전중 에는 단기 매매 투자금액을 100% 활용하고

오전 10시 이후

오후3시 30분 마감 시간 전까지는 내일을 생각하는 매매심리를 보이면서 매수보다는 매도 압력이 커질 수 있으니까 장중단타매매 비중을 줄이는 대응이 필요합니다.

주식매매는 수익을 얻는 것보다 손실관리가 중요하다는 생각으로 단기 매매 비중을 연령에 맞게 조절하는 데 투자금액-20%-나이 = 단기 매매 투자 비중으로 계산해서

예를 들어
5,000만원을 투자하는 60대는
5,000만원-20%(1,000만원) -60%(3,000만원) = 1,000만원 이내로 하세요.

3. 단기 매매 실전

주식매매는 이론으로 하는 것이 아니고 실전에서 수익을 얻는 결과로 말하는 겁니다.

단기 매매는 주가변동폭도 커지고 단기에 여러가지 변화가 만들어지는 것을 이용한 주가변동을 이용한 매매이기 때문에 장중 주가 변동에 따라서, 장중 매매 결과 수익을 얻었을 때와 손실을 보고 있을 때는 매매심리 변화가 클 수 있습니다.

그동안 공부한 단기 매매대응 방법을 실전 매매에서 어떻게 대응 하는지를 복기해 보면서 점차 자기것으로 만들어서 실전 매매 경험을 쌓아가시기 바랍니다.

단기 매매는 기본적분석보다는 차트모양의 변화를 보고 시장 참여자들의 매매심리를 이용한 단순한 매매방법이기 때문에 차트를 1분봉, 3분봉, 5분봉으로 구분해서 각자 편하게 볼 수 있는 방법으로 찾으세요.

차트에서 여러가지 보조지표를 이용하는 사람이 있지만, 너무 여러가지 보조지표를 복잡하게 나열하지말고 자기자신에게 맞는, 각자 매매하기 편한 보조지표를 결정해서 매매에 이용하시기 바랍니다.

> **배현철의 꿀팁**
> 개인적으로 나는 MACD지표를 활용하겠습니다.

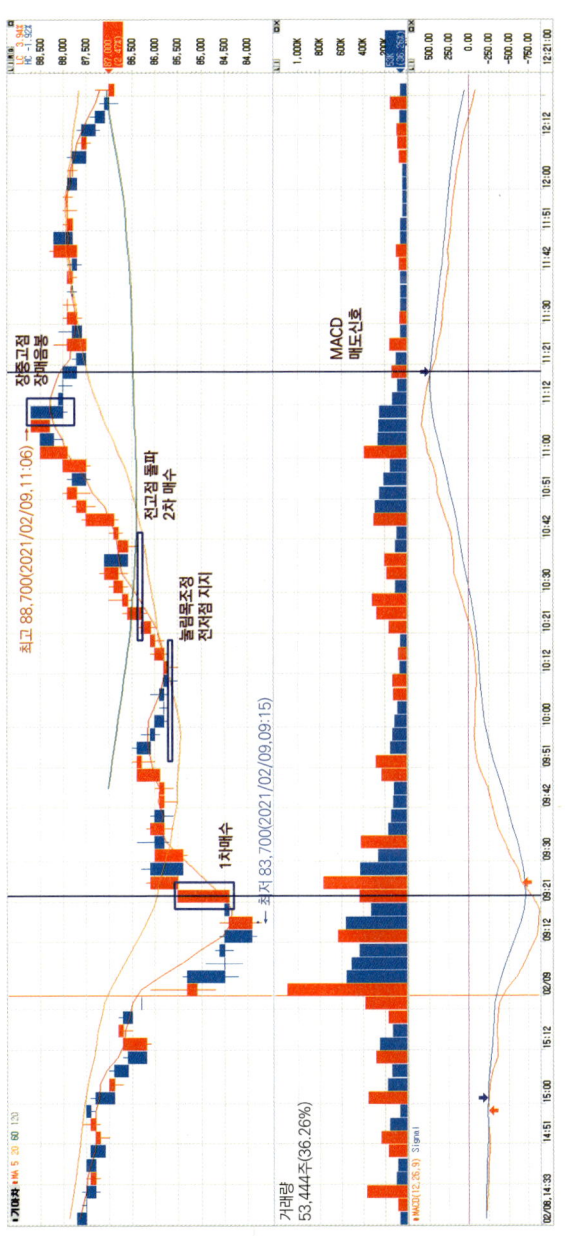

3분봉 단타매매

1. MACD매수신호 나오면서 장대양봉-1차 매수
2. 1차 상승후 전저점 지지 후 전고점 돌파 주가상승 - 2차 매수
3. 주상승추세중, MACD 상승추세 유지-보유
4. 장중고점에서 장대음봉 발생-이익실현 매도(매도는 달라고 하는 가격에 주세요)
5. MACD 매도신호 발생-장중고점 돌파 못하면서 주가 하락

1편 기초 입문 · **181**

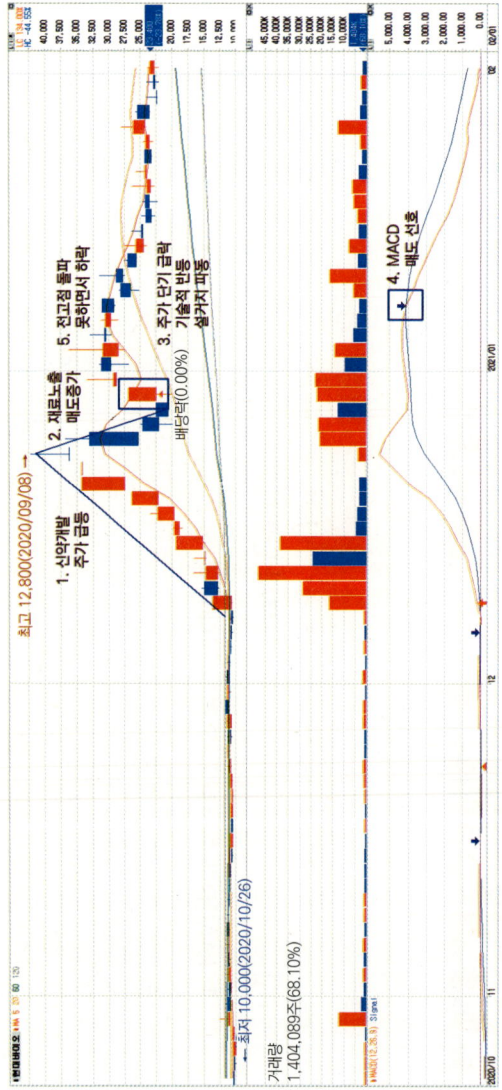

일봉 차트보면서 SWING단기 매매

1. 신약개발 재료로 주가 급등
2. 재료노출 후 주가 하락
3. 단기 급락으로 저가매수 유입되면서 기술적 반등(설거지 반등) - 단기매수 시점
4. MACD매도신호
5. 전고점을 돌파하지 못하면서 주가 하락-매수세력 설거지 매도시점-주식매도 이익실현

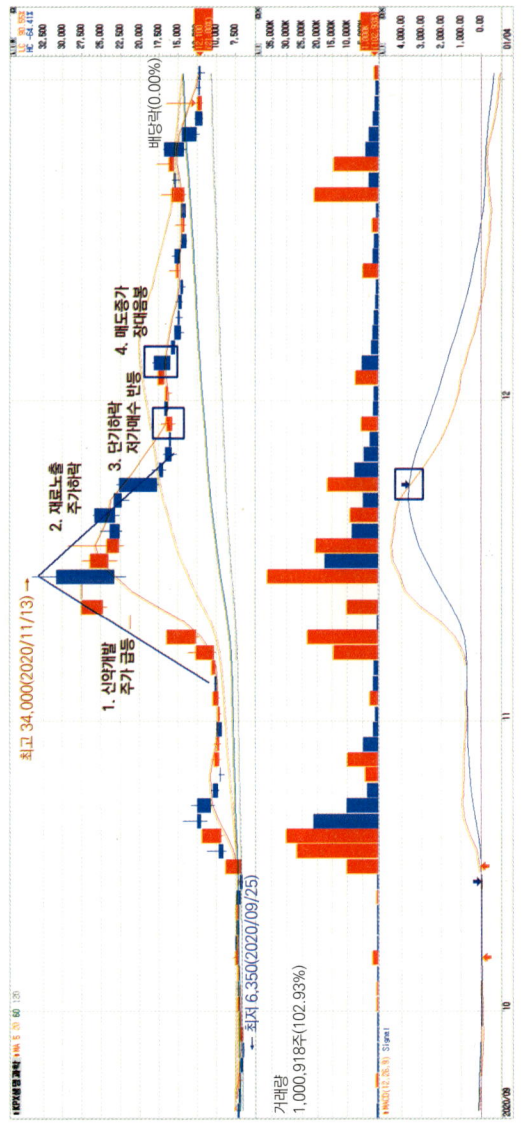

일봉차트 SWING단기 매매

1. 신약개발 재료로 주가 급등
2. 재료노출 하면서 주가 하락
3. 단기저점에서 양봉발생-반등, 설거지 파동-단기 매매 매수
4. 상승탄력 둔화 장대음봉 발생-매도, 손실관리 시점
5. MACD하락추세 유지 주가하락

1편 기초 입문 · **183**

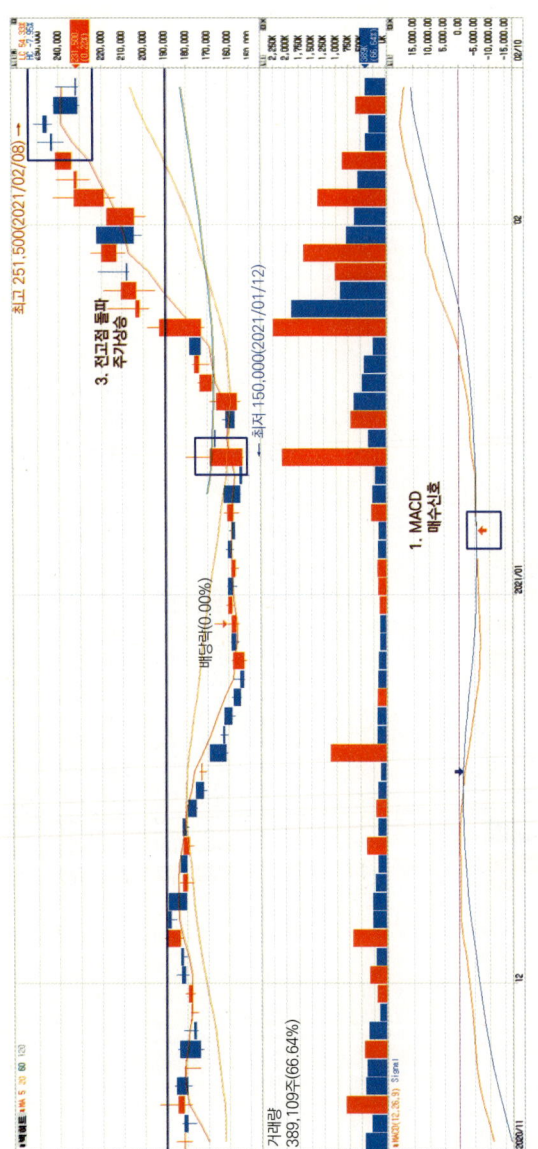

일봉차트 단기SWING 매매

1. 주가 단기저점에서 MACD매수신호 발생
2. 주가 바닥 확인 중 거래량 증가하면서 장대양봉 발생-1차 매수
3. 전고점 돌파하면서 거래량 증가 - 손바뀜 현상-2차 매수
4. 주가 단기고점에서 흑삼봉 발생-이익실현 매도

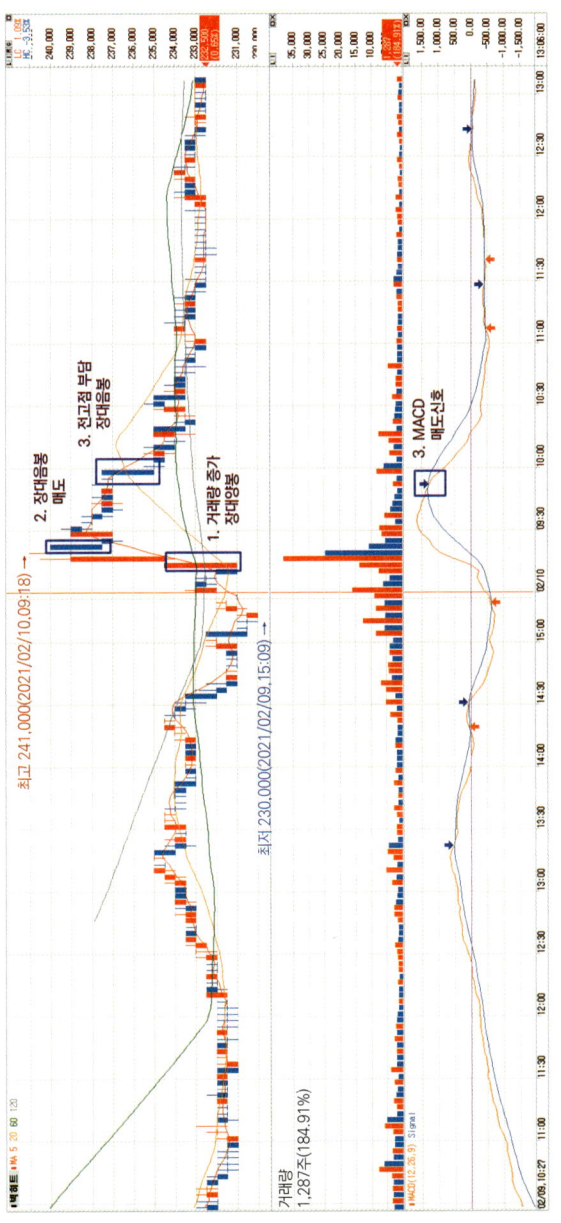

3분봉 차트 단타 스캘퍼 매매

1. 거래량 증가하면서 장대양봉 - 매수
2. 거래량 증가하면서 장대음봉 - 매도
3. MACD매도신호
4. 전고점 돌파 못하면서 장대음봉-마지막 매도 기회

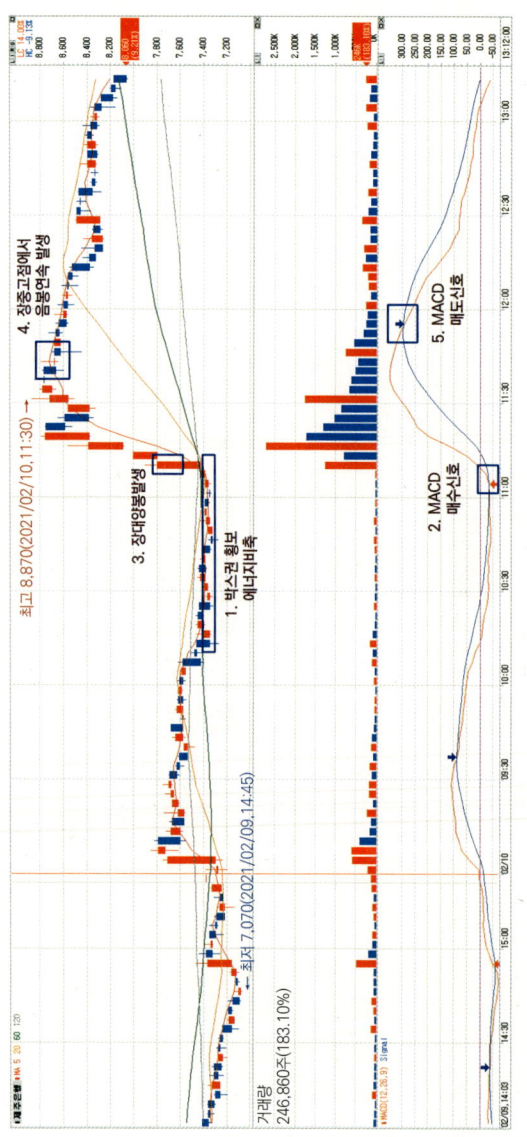

3분봉 차트 단기 데이트레이딩 매매

1. 주가 바닥권 횡보-에너지 비축시간
2. MACD 매수신호
3. 거래량 증가, 장대 양봉-매수시점
4. 장중고점에서 음봉 연속 발생-매도시점
5. MACD매도신호

4. 시간대별 대응

단기 매매는 하루 중에 장중 주가 변동을 이용한 매매를 원칙으로 하기 때문에 시장 참여자들의 매매심리가 증가하는 시점에서 매매를 하고 시장 참여자들의 매매 참여가 떨어지는 시간대에서는 매매를 자제하면서 오늘 주식시장 주도주, 종합지수상승과 하락 방향 변화, 기관과 외국인의 포지션 변화 등을 확인하면서 자신이 생각하는 방향과 시장변화가 일치하는지를 세심하게 관찰하고 확인하면서 매매하고자 하는 종목의 변화를 주시하시기 바랍니다.

> **배현철의 꿀팁**
> 주식매매는 타이밍의 예술이다.

4-1. 오전 9~10시 (데이트레이딩 1차 매매 시점)

1) 전일 뉴욕증시 상승과 하락에 따라서 우리시장 시초가 상승이나 하락이 연동해서 나타나면서 시초가 이후 반등시점에 데이트레이딩 첫 번째 매수 시점입니다.

2) 첫 번째 매매에서 수익을 얻었다면 오늘 시장방향을 올바르게 보고 있다는 생각으로 매매심리가 안정되면서 다음 매매를 기다릴 수 있지만

3) 첫 번째 매매에서 손실을 기록하였다면 매매심리가 극도로 위축 되면서 손실을 만회하려는 마음이 앞서서 매매를 서두르다가 더 손실폭을 점점 더 크게 확대할 수 있으니까 이런 날 조심하세요.

4) 뉴욕증시가 하락했는데 우리주식시장 상승폭을 확대한다면 매수 심리가 커지면서 상승종목 확산으로 주식매매로 수익을 얻을 수 있는 가능성이 크니까 이런 날 적극적으로 매매하세요.

4-2. 오전 9~10시 (투자자금 50% 매매)

5) 뉴욕증시가 상승했지만 우리주식시장 주가 하락폭을 확대한다면 시장 참

여자들의 매매심리가 극도로 위축되면서 하락하는 종목이 증가하고 손실을 기록할 부담이 커집니다.

- 이런 날은 마감시간이 임박할수록 주가 하락폭이 커질 수 있습니다.

6) 이 시간대 체크포인트는

외국인 선물시장 매매포지션, 외국인과 기관투자자 매수 매도 방향과 매수 매도 종목, 전일대비 거래량 급증 종목 등을 확인하는데 외국인이 선물 시장에서 매수포지션을 증가하면 종합지수 상승방향을 예상하면서 시가총액 상위 종목으로 매매종목을 선택하고 현물시장 에서 외국인과 기관투자자가 매도를 증가하면 시가총액 상위종목은 주가 약세를 예상하면서 재료를 가지고 있는 개별테마 종목으로 매매 관심을 집중하시기 바랍니다.

보유종목 중에 장중에 예상하지 않은 호재가 나오면서 급등하게 되면 일단 이익실현하고 다시 매수 하겠다는 대응이 필요하고 장중에 예상하지 않은 악재가 나오면서 주가 급락하면 소나기는 피해간다는 생각으로 일단 매도하고 다시 생각하세요.

4-3. 오전10시~12시(차 한잔 마시는 여유)

1) 시장 주도주, 주도테마종목 확인

주식매매는 장중 하루종일 수시로 매매하는 것이 아닙니다.

가장 매매가 활발하게 이어지는 10시 이전에 일차 매매를 마치고 오늘 시장 주도주, 주도테마종목을 확인하는 시간입니다.

2) 종합지수 상승하더라도

모든종목이 상승하거나 모든 종목이 하락하는 것은 아닙니다.
주식시장은 매일 매일 시장 주도주가 나오고 시장을 선도하는 테마종목이 있습니다.

3) 시장주도주는

현재 주식시장에 참여하는 사람들이 매수관심을 보이는 종목이니까 거래량이 증가하면서 주가상승 시는 주가 상승폭을 확대하고, 돌발 악재로 주가 하락할 때도 충분한 거래량이 있으니까 매도를 할 수 있습니다.

- 거래량이 적은 종목은 소량 거래로 주가상승폭을 확대하지만 주가 하락시점 에서는 소량거래로 주가 하락폭 커지면서 매도하고 싶은 가격에 매도를 할 수 없습니다.

4) 이 시간대 체크 포인트는

아시아 주식시장 확인

우리주식시장은 뉴욕증시의 영향을 받기도 하지만 아시아시장과 연동해서 움직이는 특성이 있습니다.

특히 중국시장과 밀접한 관계가 있는 조선, 철강, 화학 업종에 관심이 필요합니다.

미국선물지수 확인

미국시장의 개별주가의 영향을 받는 나스닥 선물지수로 다음 날 뉴욕증시의 방향을 예측할 수 있습니다.

나스닥 선물지수의 상승과 하락에 따라서 오후에 적극적으로 매수를 할 것인가 현금보유비중을 유지하고 보수적으로 대응할 것인가를 결정합니다.

4-4. 오후 12시~1시30분

1) 오후매매 준비

점심식사하고 긴장을 풀면서 에너지를 보충하고 오후 주식매매를 준비하는 시간입니다.

주식매매는 긴장의 연속으로 많은 에너지를 필요로 하기 때문에 장중 휴식시간을 적극적으로 활용하시기 바랍니다.

2) 종목별 추세 확인

주식가격은 상승이나 하락 중에도 일정한 추세를 만들면서 이어가는 특성을 생각해서 보유종목 중에 30분봉 차트를 보면서 추세가 이탈한 종목은 매도를 준비하고.

3) 오후매매종목 선정

오전에 단기 매매종목으로 선정했던 종목 중에서 오늘 시초가를 이탈하지 않고 30분봉으로 상승추세를 유지하고 있는 종목을 오후 매매종목으로 선정합니다.

4) 오전 주식시장에

외국인과 기관투자자의 매매포지션과, 주식시장에 영향을 줄 수 있는 뉴스가 있는지 확인하고 전반적인 주식시장 분위기에 따라서 오후에 매매를 할 것인가 관망할 것인가를 결정합니다.

4-5. 1시30분~3시(하루 수익률 확정)

1) 종목별 매도심리 증가

마감을 앞두고 주가 변동폭이 커질 수 있는 시간이지만 오전과 비교해서 매수보다는 매도심리가 강하게 작용하면서 데이트레이더 의 매도물량이 나올 수 있는 시간대입니다. 오전에 종목별 악재로 주가 하락하는 종목은 장중 저점에서 기술적 반등이 나올 수 있지만 빠진다고 매수하면 손실폭을 확대할 수 있습니다.

2) 데이트레이딩 수익확정

오전에 매수해서 보유하고 있는 데이트레이더는 주식을 매도해서 수익을 확정할 것인가 아니면 보유주식을 가지고 다음날까지 가지고 갈 것인가를 결정하는 시간입니다. 오전 매매에서 손실을 기록한 데이트레이더는 손실을 만회하겠다는 조급함으로 매매대응을 하기보다는 내일도 있다는 마음으로 손실, 수익을 확정하세요.

3) 악재로 주가 하락하는 종목은

장중변동폭을 이용한 스켈퍼 단기 매매는 가능하지만, 악재부담이 크게 보이면서 주식시장 마감을 앞두고 주가 하락폭을 확대하는 시간대입니다.

4-6. 3시~마감 시간

1) 매매자재 관망

주식시장 마감시간을 앞두고 종목별 거래량이 감소하면서 관망세를 보이는 시간입니다. 뉴욕증시 나스닥선물지수, 중국 주식시장, 일본주식시장 등을 확인 하면서 오늘 하루 매매를 정리하는 시간입니다.

2) 내일을 준비

오늘 주식시장에 나왔던 호재 악재가 종목별 주식가격에 어떻게 반영되었는지 확인해보고 악재가 나왔지만 주가 하락폭이 크지 않은 종목에 관심이 필요합니다.

주식시장 주도주, 주도테마가 무엇인지 종목별 주가 변화를 확인하고 상한가, 하한가 종목 중에 거래량이 증가하는 종목으로 분석을 하세요.

> **배현철의 꿀팁**
> 장중 하한가에서 벗어나서 마감하는 종목은 매수관심

3) SWING종목 종가에 추가매수

단기 매매 중에 며칠간 보유하는 SWING매수 종목은 상승추세를 유지한다고 판단되면 종가에 추가매수

4) 시간 외 매수 자재

마감 후 돌발 악재가 발생한 종목은 시간 외 거래에서 매도 가능하지만, 마감 후 호재 발표로 시간 외 거래에서 상승하는 종목 추격매수는 자제하세요.

5. 마감 후 일상관리

1) 주식매매는

자신과 시간과의 싸움입니다.

오늘 하루 매매를 잘못했다고 실망하지 말고, 잘못된 것이 무엇이고, 수익을 얻은 매매는 잘했던 대응을 다시 한번 복기하면서 다음매매에서는 똑같은 실수를 하지 않겠다는 다짐을 하고 수익을 얻은 매매는 다음번에도 좋은 매매를 하면서 수익을 쌓아가시기 바랍니다.

2) 단기 매매는

장중에 주가변동에 따라서 원치 않는 뇌동매매를 하면서 손실폭을 확대시킬 수 있기 때문에, 미리 종목분석을 통해서 다음날 매매 할 수 있는 종목에 대한 준비가 필요합니다.

3) 체력싸움 입니다

주식매매는 엄청난 스트레스와 순간적인 순발력이 필요한 정신적 중노동입니다. 하루 7시간 이상 긴장을 이겨낼 수 있는 정신력과 체력이 필요합니다. 정신력을 보강하는 휴식과 강인한 체력을 위한 체력보강 운동을 통해서 에너지를 보충해야 합니다.

4) 주식시장이

열리고 있는 장중 대응도 중요하지만 내일도 주식매매를 해야 하는 단기 매매에서는 오늘 마감 후 내일을 준비하는 과정도 더욱 중요합니다.

5) 주식매매는

숲을 보고 나무를 본다고 합니다.

자신이 관심을 가지고 있는 일부 종목만 집중 분석하지 말고, 해외주식시장변화, 우리나라주식시장 환경, 정부정책 발표 등 주식시장에 영향을 줄 수있는 전반적인 사항을 분석해서 종합지수가 상승하는 시점에서는 주식매매를 공격적으로 주식비중을 늘릴 것인지, 종합지수가 하락부담이 커지는 시점에서는 주식보유지분을 축소 매도 대응할 것인지를 결정하는 준비가 필요합니다.

6) 마감후 시간별 준비사항

주식시장 마감 후부터 오후 5시까지는 오늘 주식매매를 복기하고 잘 한 매매, 잘못한 매매를 분석해서 매매일지를 작성하세요.

주식매매일지에는 투자주체별 외국인과 기관, 개인 매수 매도 전체 금액및 매수, 매도 상위 10종목 기록 종합지수, 코스닥지수, 다우지수, 나스닥지수, S&P500지수, 중국 상하이지수, 일본 니케이 지수, 원/달러 환율, 국제유가, 종합지수 일봉상 이격도, 코스닥지수 일봉상 이격도, 오늘 매매한 종목의 호재, 악재 및 매수가격, 매도가격을 기록하고 마지막으로 오늘 시장을 경험하고 느낀점을 기록해 놓으세요.

주식매매는 수익을 얻은 방법은 반복하면서 수익을 쌓아가고, 잘못된 매매는 두 번 다시 반복하지 않으면서 손실을 줄여나가면 되지만, 일반투자자는 잘못된 매매를 반복하면서 손실을 확대하는 실수를 반복합니다.

보유종목에 대해서 오늘 나온 호재, 악재가 있는지, 공시내용과 투자주체별 매매동향 등을 확인 하고 캔들 차트를 보면서 추세변화 등을 확인합니다.

종목별 차트보기는 자동 차트돌려보기를 통해서 관심종목 차트분석을 합니다.

- HTS상에 거래량 100만주 이상, 관심종목 제외 등 조건을 입력하면 자동으로 돌아가면서 볼 수 있습니다.

(거래하는 증권회사콜센터에 문의해서 알아보세요)

배현철의 꿀팁
잘못된 내용을 포스트잇에 적어서 모니터에 부착하고 장중에 읽어보세요!!

7) 체력관리, 에너지 보충

주식매매는 엄청난 에너지가 필요한 정신노동입니다.

건강에 이상이 생기거나 피로가 누적되면 상황을 냉정하게 볼 수 있는 판단력이 떨어지고 혼란에 빠지면서 주식매매 대응이 어렵게 됩니다.

주식매매매로 돈을 벌어서 행복하게 사는 것이 우리들이 바라는 목적이지만, 체력관리가 잘못돼서 건강을 잃는다면 모든 것을 잃게 됩니다.

건강한 체력에서 건강한 정신력이 살아난다고 합니다. 주식매매를 하면서 긴장하고 있던 스트레스를 풀어주는 명상이나, 헬스클럽 운동 시간을 즐기면서 체력보강을 하세요.

- 이 시간에는 주식생각 절대로 하면 안 돼요.

최상의 컨디션을 유지하기 위해서는 지나친 음주는 삼가하고, 충분한 수면과 앞으로 성공할 것이라는 긍정적인 생각이 필수요소입니다.

장중 매매로 손실을 기록하는 날은 스트레스를 푼다고 음주를 하면 그 다음 날 피곤해서 매매대응에 오히려 장애가 됩니다.

> **배현철의 꿀팁**
> 주중에는 절대로 음주는 삼가하세요.

마지막으로 오후 8시 이후에는 보유종목 중에 마감 후 올빼미공시가 있는지 확인하세요. 나쁜 내용 공시는 마감 후 늦은 시간이나 휴일을 앞두고 금요일 오후에 나오는 경우가 있습니다.

10장

주식선물(先物) 시장 이해

주식시장은 거래소 현물시장, 코스닥 현물시장에서 주가 상승과 하락을 생각하면서 매수 매도를 하는 것이 일반적인 매매이지만 주식시장은 예측이 불가능한 돌발변수가 존재하는 위험자산 시장이기 때문에 거액의 자금을 운영하는 외국인이나 기관 투자자들 입장에서는 돌발변수로 주가 하락 시에는 보유주식 평가 손실이 커지는 부담을 전가하기 위해서 일종의 보험성격으로 개별종목선물, 개별종목 옵션, 주가지수 선물, 주가지수 옵션 시장이 있습니다.

선물, 옵션 시장은 현물시장보다 변동폭이 크기 때문에 적은 투자금액으로 수익을 극대화할 수 있지만 짧은 시간에 투자금액 손실폭이 커질 수 있기 때문에 가능하면 선물, 옵션매매는 하지 않는 것을 권장하지만 선물, 옵션 시장 변화에 따라서 주식현물시장 연동해서 영향을 줄 수 있기 때문에 주식매매를 하기 위한 기본적인 개념을 이해하시기 바랍니다.

정상적으로는 주식현물 가격에 따라서 선물시장이 연동해서 가격을 결정하게 되지만 일부 투기세력에 의해서 선물가격 변동에 따라서 현물가격이 변동하는 웩더독(Wag the dog) 현상이 나타나면서 프로그램 매수 매도에 따라서 주가변동이 커지는 경우가 있습니다.

> **배현철의 꿀팁**
> 웩더독은 "The tail wags the dog"라는 외국의 속담에서 비롯된 표현

〈꼬리가 개 몸통을 흔든다〉는 상황을 의미합니다.

1. 주식시장 선물거래 개요

1) 선물거래의 정의

일정계약에 의하여 시장참여자들이 장래의 약정한 시기를 인도기일로 하여 선물거래소가 미리 정해놓은 대상자산의 종류, 계약단위, 결제조건에 의하여 계약을 체결하고(매도, 매입) 미리 정한 만기일에 그 상품을 인도, 인수하거나, 약정기일 내에 반대매매(청산거래)를 통하여 계약을 이행하는 방법을 의미한다.

2) 우리나라 주식시장 선물거래는

개별종목 선물시장과 KOSPI 200(거래소 시가총액 200종목)을 기초상품으로 한 주가지수 선물 시장이 있습니다.

예를 들어서

삼성전자 3월물 선물을 70,000원에 매수를 하고 보유하였는데 만기일 3월 둘째 주 목요일 3월 11일 주식가격이 90,000원이었다면 20,000원 수익을 얻을 수 있습니다.

3) 선물 만기일

선물시장은 3월, 6월, 9월, 12월 셋째 주 목요일 만기일에 청산을 하게 되어 있습니다.

예를 들어서

2021년 3월물 선물(F 202103)은 2021년 3월 둘째 주 목요일 3월 11일에 청산거래되고 3월 11일 이후에는 없어지게 됩니다.

선물 청산일이 가까이 올수록 가격변동폭이 커지고 거래량도 증가하게 됩니다.

2. 선물거래의 경제적 기능

1) 위험 전가기능 선물거래는

상품의 가격이 오르내리는 가격위험에 노출되어 있는 생산자, 소비자, 기업, 금융기관들의 가격변동 위험을, 자산가치 변동위험을 감수하면서 보다 높은 이익을 추구하는 투기자들에게 전가하는 기능을 합니다.

예를 들어서

주식상승을 기대하면서 주식자산을 100억 원 보유하고 있는 금융기관이 예상하지 않은 돌발변수로 주식가격이 하락하면 막대한 손실 부담이 커지게 됩니다.

하지만 주식선물시장에서 주가하락방향으로 선물매도포지션을 보유하고 있다면 주식가격이 하락하더라도 주가 하락 시 선물매도 포지션에서 수익이 발생하면서 현물주식보유에서 발생한 손실을 일정 부분 상쇄시킬 수 있습니다.

2) 가격예시기능 선물가격은

해당 상품의 수요와 공급에 관련된 각종 정보가 집약되어 결정되므로 현재시점에서 미래 현물가격에 대한 수많은 시장 참가자들의 공통된 예측을 표현하면서 미래가격을 예측할 수 있습니다.

예를 들어서

주가지수 선물가격이 상승한다면 앞으로 종합지수 상승을 기대할 수 있고 KOSPI200에 편입되어 있는 시가총액 상위종목 주가 상승을 기대할 수 있습니다.

주가지수 선물가격이 주가지수 현물가격보다 고가인 것이 정상이지만 시장변수에 따라서 주가지수 선물가격이 주가지수 현물가격보다 저가를 만들면서 거래소 시가총액 상위종목 주가 하락폭이 커질 수 있습니다.

3. 베이시스 개념

1) 베이시스(basis)는

특정 지역에서 특정 상품의 현물가격과 선물가격의 차이를 의미하는데 즉, 베이시스(basis) = 선물가격-현물가격

2) 콘탱고(contango)

현재가격보다 미래가격인 선물 가격이 고가인 것이 정상으로, 선물가격이 현물보다 고가인 상태

베이시스(basis) = 선물가격-현물가격 = 플러스 상태

콘탱고 상태에서 주식시장에서는 고가인 주가지수 선물을 매도하고 저가인 현물주식을 매수하면 시세차익을 얻을 수 있기 때문에 Kospi200종목으로 프로그램 매수가 들어오면서 주가 상승을 합니다.

3) 백워데이션(back-wardation)

선물가격이 현물가격보다 저가인 상태

베이시스(basis) = 선물가격-현물가격 = 마이너스 상태

백워데이션 상태에서 주식시장에서는 저가인 주가지수 선물을 매수하고 고가인 현물주식을 매도하면 시세차익을 얻을 수 있기 때문에 Kospi200종목으로 프로그램 매도가 나오면서 주가 하락을 합니다.

4. 프로그램 매매

주식을 대량으로 거래하는 기관투자자들이 일정한 전산 프로그램에 따라 수십 종목씩 주식을 묶어서(바스켓) 거래하는 것을 말합니다.

매도나 매수에 대한 의사결정은 매매자가 하지만 나머지 모든 과정은 시스템에 입력되어 있는 프로그램에 의해서 매매를 하게 됩니다.

- 컴퓨터 프로그램으로 주식매매를 하기 때문에 〈프로그램 매매〉 라고 합니다.

우리나라 거래소 주식시장 에서는 선물지수가 KPSPI200을 기초로 만들어졌기 때문에 프로그램 매매는 거래소 시가총액상위종목 위주로 매매가 형성되고 프로그램매매는 시가총액 상위종목 주가에 영향을 크게 주지만 소형 개별 종목 주가에 미치는 영향은 상대적으로 크지 않습니다.

5. 선물, 옵션시장 위험

선물, 옵션 시장은 주가 상승 시점이나 주가 하락 시점에서도 수익을 얻을 수 있다고 생각하면서 큰 변동성을 이용해서 적은 투자금액으로 큰 수익을 얻겠다고 개인투자자들이 불나방처럼 덤비지만 선물, 옵션매매 시스템은 매매형태가 다양하고 복잡하기 때문에 개인투자자들이 수익을 얻을 수 있는 성공확률이 낮습니다.

경험상

선물, 옵션 시장은 절대로 매매를 하지 않는 것을 적극, 또 적극 권장합니다.

> **배현철의 꿀팁**
> 선물, 옵션 매매하는 사람하고 친구하지 마세요!!

11장

실전 매매 응용

1. 주식은 정해진 공식이 없다.

* 주식시장은 불합리한 시장이기 때문에 정해진 공식처럼 1+1=2가 되는 것이 아니고 어떤 날은 1+1=5가 되기도 하고 -3이 되기도 합니다.

  자기만의 생각으로 고집을 가지고 매매를 하기보다는 시장의 변화에 순응한다는 유연한 생각으로 그때 그때 시장의 반응에 따라서 순응하는 대응이 필요합니다.

* 기름 한 방울 나지 않는 우리나라 입장에서는 국제유가 상승이 우리나라 경제성장과 주식시장에 악재로 작용하지만, 경우에 따라서는 국제유가 상승은 소비가 증가하면서 경제가 좋아진다는 경제회복 호재로 반응하면서 주가상승으로 이어지기도 합니다.

* 국제유가 상승은 대체에너지 시장 성장 기대로 태양광, 풍력에너지 관련 종목에는 호재로 작용하고, 국제유가 상승과 국내 소비유가상승으로 정유사는 실적개선 기대로 주가에 긍정적으로 나타나기도 합니다.

* 국제유가 상승으로 산유국 경기가 좋아지면서 인프라구축 기대로 중동지역 주요 발주처들의 프로젝트 발주가 건설업종에 호재로 작용하고 석유소비가 증가하면서 석유운반선 발주 기대로 조선업종에도 호재로 작용합니다.

* 시장에 변화를 주는 재료가 나왔을 때 업종별 종목별 호재로 작용 하는지 악재로 작용하는지 시장에서 반응하는 주가변화에 따라서 순응하는 대응이 필요합니다.

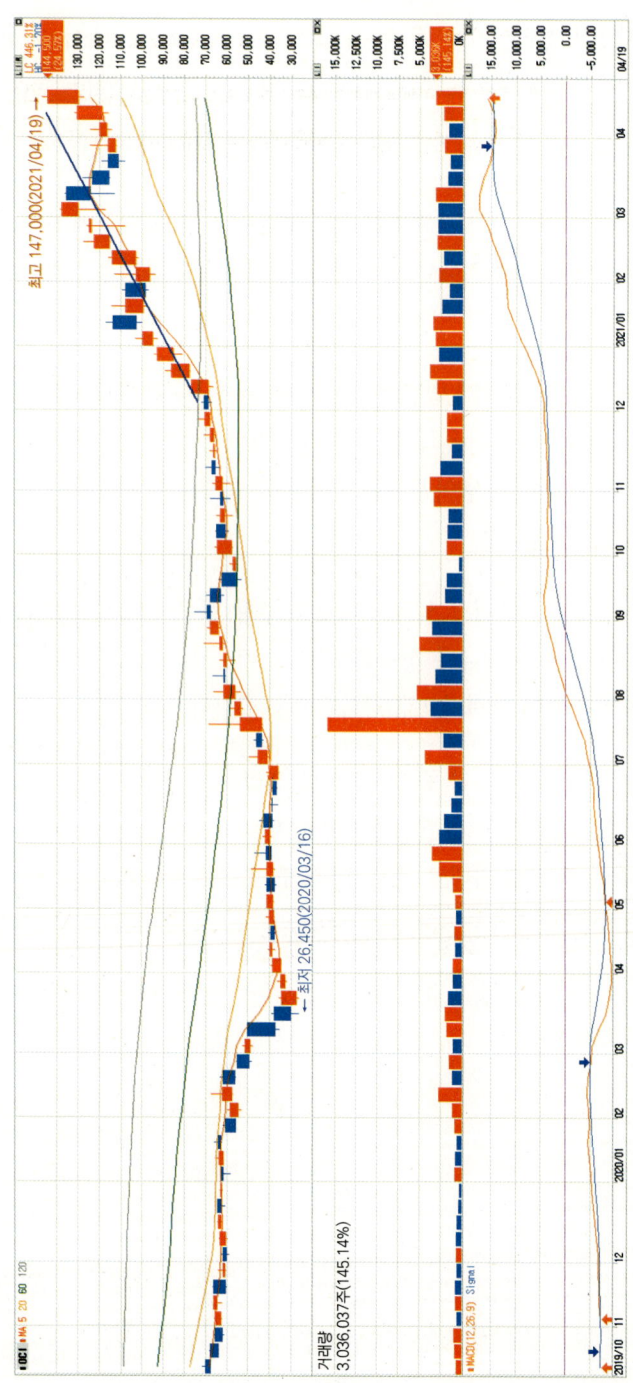

국제유가 상승으로 대체에너지 태양광 업체 OCI 주가 상승

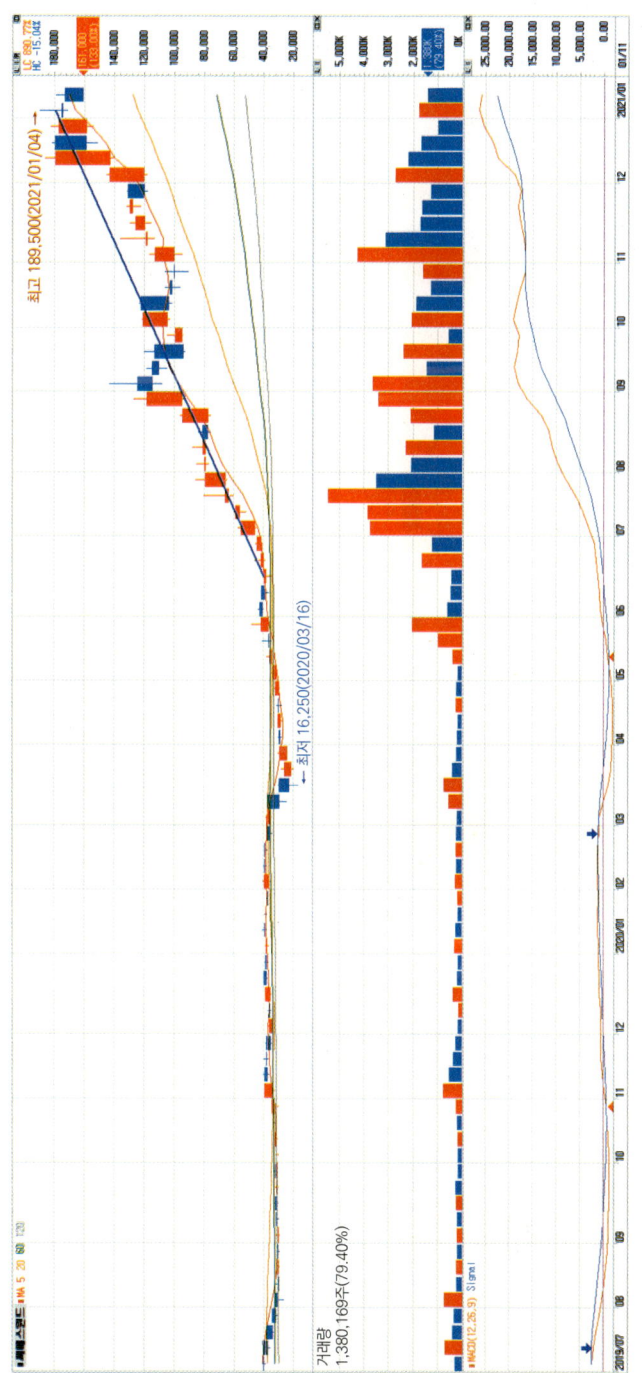

국제유가 상승으로 대체에너지 풍력에너지 씨에스윈드 주가 상승

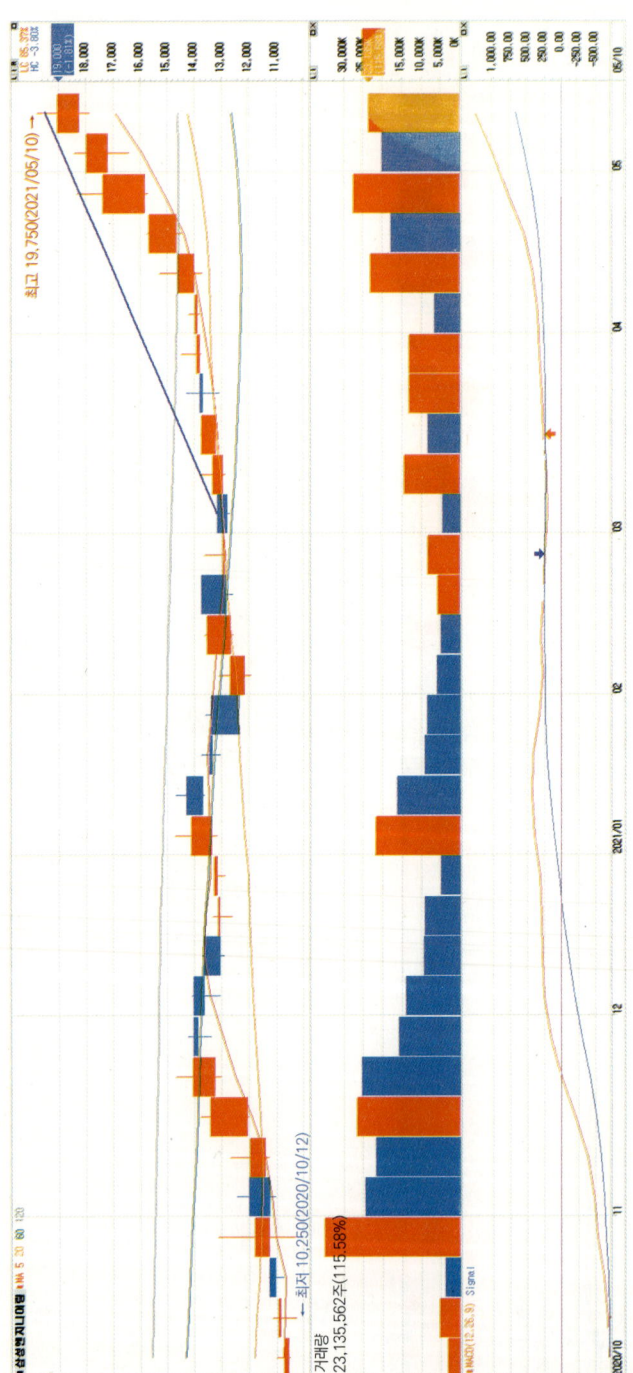

국제유가 상승으로 공동프로젝트 발주 증가전망으로
삼성엔지니어링 주가 상승

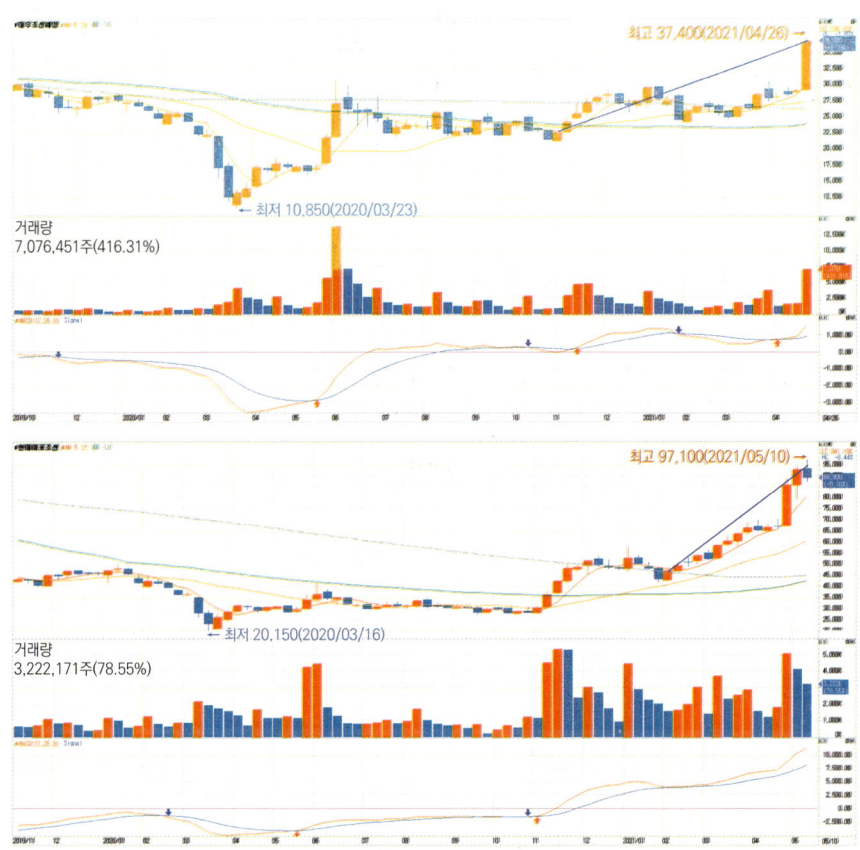

국제유가 상승으로 석유 운반선 발주 기대로
대우조선해양, 현대미포조선 주가 상승

* 금리인상은 주식시장으로 들어와 있는 유동자금이 금리가 상승 하면 예금 (안전자산)으로 이동할 것이라는 우려가 커지면서 주식시장 전반적으로 부담으로 작용하고 대출금 비율이 높은 기술주에는 특히 악재로 작용합니다.

* 금리인상 부담은 개별기업의 악재가 아니고 주식시장 전체 단기 악재로 작용하는 체계적 위험이기 때문에 체계적 위험으로 주가 하락시점은 기술업종 대표종목 저가매수 기회였습니다.

* 금리인상은 대출금리 인상으로 이어지면서 은행,보험,저축은행 업종에는 예대마진(예금과 대출이자 차이 마진) 증가로 실적이 좋아질 것이라는 기대로 은행, 보험 업종 주가에 호재로 작용합니다.

* 금리인상은 주식시장에 단기 악재로 작용하지만 중기적으로는 경기가 좋아지니까 금리인상을 한다는 매매심리가 작용하면서 주식시장 상승으로 이어졌으니까, 주가 상승중에 금리인상 악재로 주가 조정을 받는 시점에서는 업종대표종목 저가매수 기회로 대응하세요.

* 금리가 상승하면 채권가격이 하락하니까 채권보유를 많이 하고 있는 증권업종에는 단기 악재로 작용하지만 증권회사 영업이익 에서 보유채권 평가손실 금액비중이 크지 않기 때문에 금리인상 부담으로 증권업종 주가 하락시점에서는 저가매수 기회였습니다.

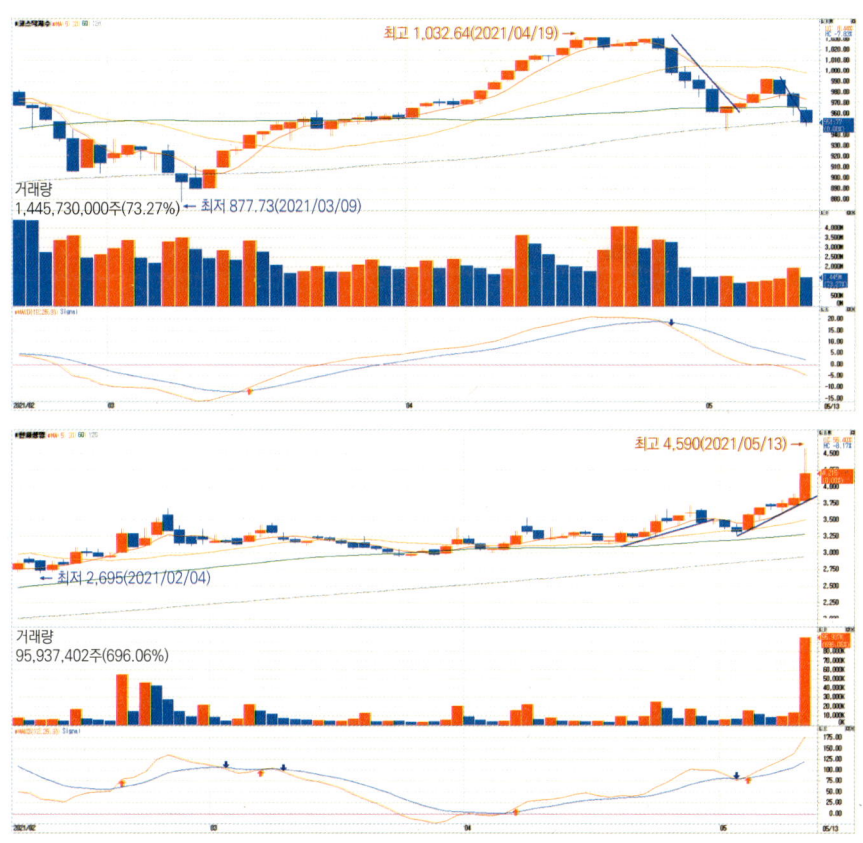

금리상승 전망으로 코스닥지수는 하락하는데
한화생명(금리상승수혜)
주가는 상승하면서 종목별 차별화가 벌어집니다.

금리인상 전망(주식시장 전체 단기악재)으로
기술주 하락 삼성전기 주가 하락시점에서 저가매수 기회

212 · 주식 교과서

금리인상 전망으로 기술주 하락으로
SK하이닉스 주가 하락시점에서 저가매수 기회

2. 주식매수 청구권 대응

회사가 타법인 간에 합병을 할 때는 주식을 보유하고 있는 주주들이 찬성, 반대 의사표시를 할 수 있습니다.

합병에 반대하는 주주들의 보유주식을 회사가 매수하는데 주주가 합병에 반대 표시를 하고 자기보유주식 매수를 청구하는 권리를 말합니다.

* 회사는 합병에 반대하는 주주들 주식을 매수할 매수청구가격을 결정하게 되는데

예를 들어서

2021년 3월 19일 두산중공업과 두산인프라코어 합병결정으로 매수청구가격은

두산중공업 매수청구가격은

① 최근 2개월 거래량 가중평균종가
   11,792원 2021년 01월 19일 ~ 2021년 03월 18일

② 최근 1개월 거래량 가중평균종가
   11,032원 2021년 02월 19일 ~ 2021년 03월 18일

③ 최근 1주일 거래량 가중평균종가
   11,517원 2021년 03월 12일 ~ 2021년 03월 18일

기준매수가격[(①+②+③)/3]
11,447원으로 결정하였습니다.

* 합병에 반대하는 주주는 자기보유주식을 회사에 매수하도록 매수청구 의사를 표시하면 정해진 주식매수청구권 행사기간 중에 회사에서 주식을 매수합니다.

- 매수청구를 표시한 주주가 매수청구가격보다 주가 상승시점에서 매도를 할 수 있습니다.

- 합병반대의사 통지 접수기간 중에 매수청구 의사표시를 하지 않은 주주는 회사에서 보유주식을 매수하지 않습니다.

3. 차트가 대세는 아닙니다.

주식은 재료와 수급으로 결정되는데 재료측면에서 주가 내재가치, 성장성, 안정성, 신기술개발, 신약개발등을 분석하는 기본적 분석과 수급측면에서 시장 참여자들의 매매심리가 매수를 보이는지 매도를 보이는지를 분석하는 기술적 분석(차트분석)이 있습니다.

주식가격은
재료보다는 수급이 우선한다는 생각으로 기본적 분석보다는 기술적분석을 우선으로 생각하면서 차트만 보고 매매를 하는 경향이 높지만 차트는 시장에서 나와있는 호재 악재가 모두 반영되었고, 주식시장은 동일한 재료를 가지고도 어느날은 호재로 작용하였다가 어느날은 악재로 작용하는 시장 특성을 생각한다면 차트가 모두 정답은 아닙니다.

* 주가는 내재가치를 반영하면서 성장한다는 시각으로 중기적인 대응을 하는 거래소 업종 대표종목 삼성 그룹 종목, LG그룹 종목, 현대차 그룹종목, 은행, 증권, 보험업종 등은 주가 차트 보지 말고 주가 하락한 시점에서 분할매수 보유하고 인내심으로 기다린 투자자가 크게 수익을 얻었습니다.

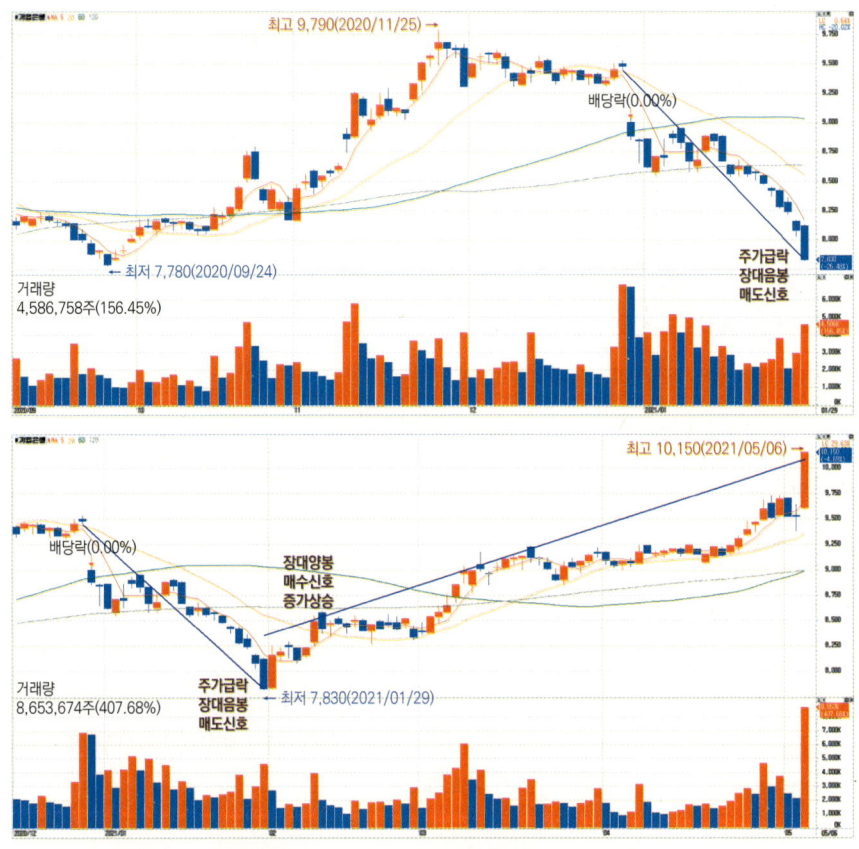

기업은행차트 : 차트가 대세는 아닙니다.

주가 중기 하락하면서 저점 이탈 장대음봉(매도신호) 발생 - 위 그림
하루만에 다시 장대양봉 만들면서 중기적으로 주가상승 - 아래 그림

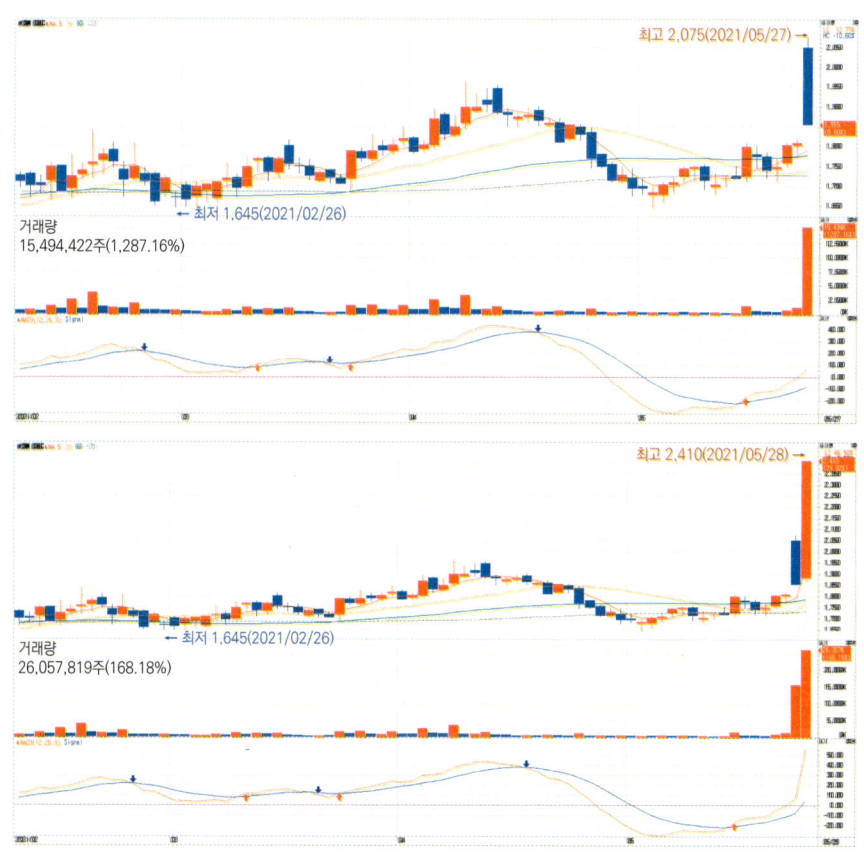

SM C&C : 차트가 대세는 아닙니다.

2021년 5월 27일 에스엠과 다음 지분투자 검토 소식으로 급등 후
뉴스에 팔아라 매도 나오면서 장대음봉으로 마감 - 위 차트
(차트만 보면 추가 하락)
2021년 5월 28일 SM C&C가 이번 사업협력의 최대 수혜가
가능하다는 증권사 전망으로 상한가 마감 - 아래 차트

4. 급등 테마 세력 주 매매는

* 주식시장은

  일부 작전세력이 회사의 내부정보와 신기술개발, 신약발표 등 재료를 가지고 급등시키면서 시장 참여자들의 매매 관심을 집중시키는 것이 특징이지만

* 주가 상승시점에서는

  신문, 방송 인터넷 매체를 이용해서 종목별 이슈를 노출시키면서 실체보다 더 크게 보이도록 거품을 만들고 주가 상승폭을 확대 하면서 주식시장에 참여하고 있는 개인투자자들에게 매수 하고 싶은 욕구를 증가시키고 단기고점에 임박 해서는 하루 변동폭을 확대하면서 주가상승폭을 극대화하는 〈장대양봉〉을 만들기도 합니다.

  - 증시격언에 〈마지막 불꽃이 가장 화려하다.〉

* 주가 고점을 만든후

  1차 하락조정 후에는 다시 재료를 노출하면서 주식가격이 상승 하면서 그동안 매수하고 싶었던 개인투자자들이 매수에 동참하도록 유도하는 〈설거지 파동〉을 만들면서 세력 등의 마지막 매도가 나오게 됩니다.

  - 설거지파동은 급등했던 테마종목 마지막 매도 시점인데…여기서 개인 등 많이 물립니다.

* 단기테마로 급등하는 종목은

  주가상승을 주도하는 매수세력 빠져나가면 주가 하락폭이 커지는 특성을 생각해서 기술적분석 공부한 대로 매매 대응이 필요합니다.

  - 정해진 손절가 이탈하는데 보유하면서 장기투자한다고 생각하면 손실폭 커집니다.

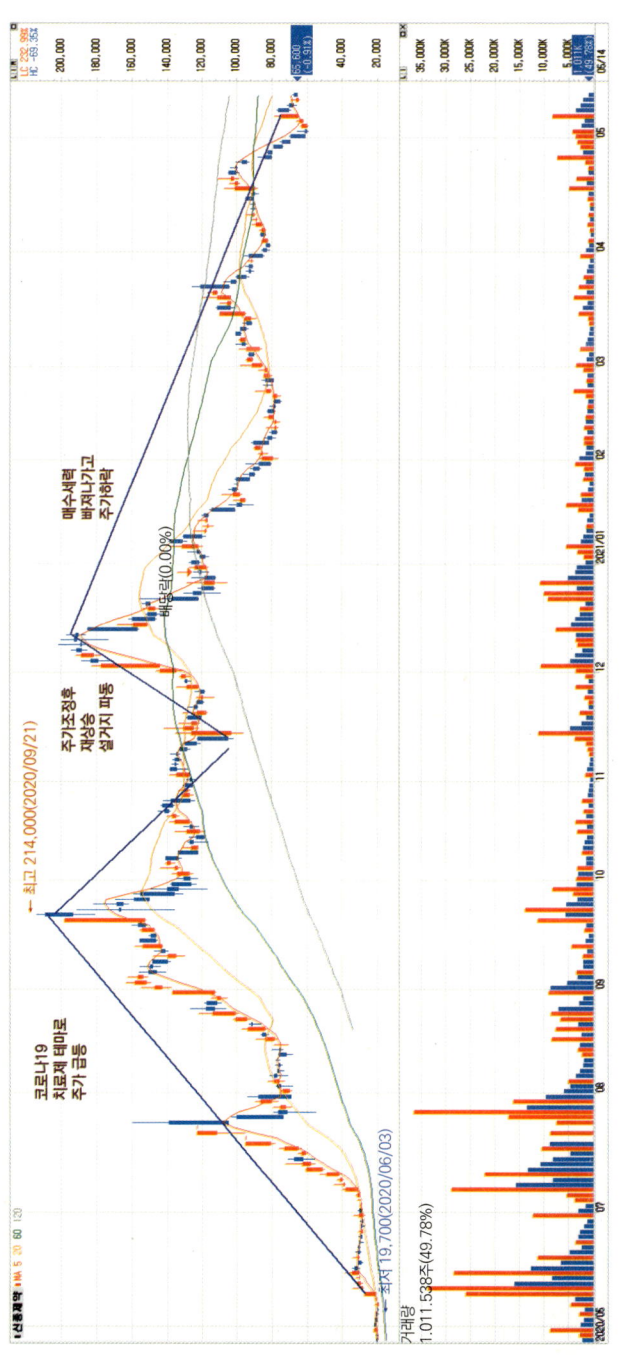

1. 신풍제약 :

1) '피라맥스'의 코로나19 치료제 효과 전망으로 2020년 5월 ~ 9월 21일 주가 급등
2) 증시 고점에서 장대양봉-마지막 불꽃이 가장 화려하다
3) '피라맥스' 국제 학술지에 게재 뉴스 내보내면서 주가 재상승 -설거지 파동
4) 매수세력 빠져나가면서 주가 하락-물려서 보유하면 손실폭 커집니다.

1편 기초 입문 · 219

5. 제약 바이오 업종 주가는

현재 실적보다는 미래의 성장성 기대로 신약개발, 임상시험, 인수합병, 무상증자 등 재료를 가지고 일시적으로 급등하는 경우가 있지만 실적이 뒷받침되지 않은 회사 주가는 재료가 소멸되면 주가 하락폭이 커지는 특성을 생각한다면 신문이나 증권방송에서 발표되는 소식을 호재로 인식하면서 추격 매수 하지 마세요

1) 에이치엘비생명과학은
미국 자회사 엘레바테라퓨틱스를 통해 경구용 항암제 '리보세라닙'을 개발 중이다라는 재료를 가지고 있었는데 2021년 2월 17일 항암치료제 리보세라닙에 대한 미국 임상 3상 결과를 허위로 공시해 금융당국의 조사를 받고 있다는 보도가 나오면서 주가 급락하니까 회사에서 100% 무상증자를 발표하면서 주가 상승하였지만 무상증자는 단기호재로 작용하면서 주가 추가 하락

- 세상에 알려진 재료는 재료가 아니다

무상증자 권리락으로 싸게 보인다는 인식으로 저가매수 유입되면서 주가 반등을 만들었지만 적자지속 부담으로 주가 하락하면서 저점을 이탈하는 하락 추세

2) 삼성제약은
2020년 12월 췌장암 치료제 리아백스 3상 임상시험 결과를 바탕으로 정식 허가 신청을 준비할 계획이라는 소식으로 주가 상승을 시작 하면서 2021년 1월 5일에는 구충제가 신종 코로나19 치료에 효과가 있다는 소식에 상한가로 급등했지만

주가를 급등시켰던
매수세력 빠져나가고 영업이익 적자지속 부담으로 주가 하락 지속

- 재료 만들면서 급등하였던 개별 테마종목은 재료 소멸되면 빈집이니까 지키고 있으면 안돼요~~

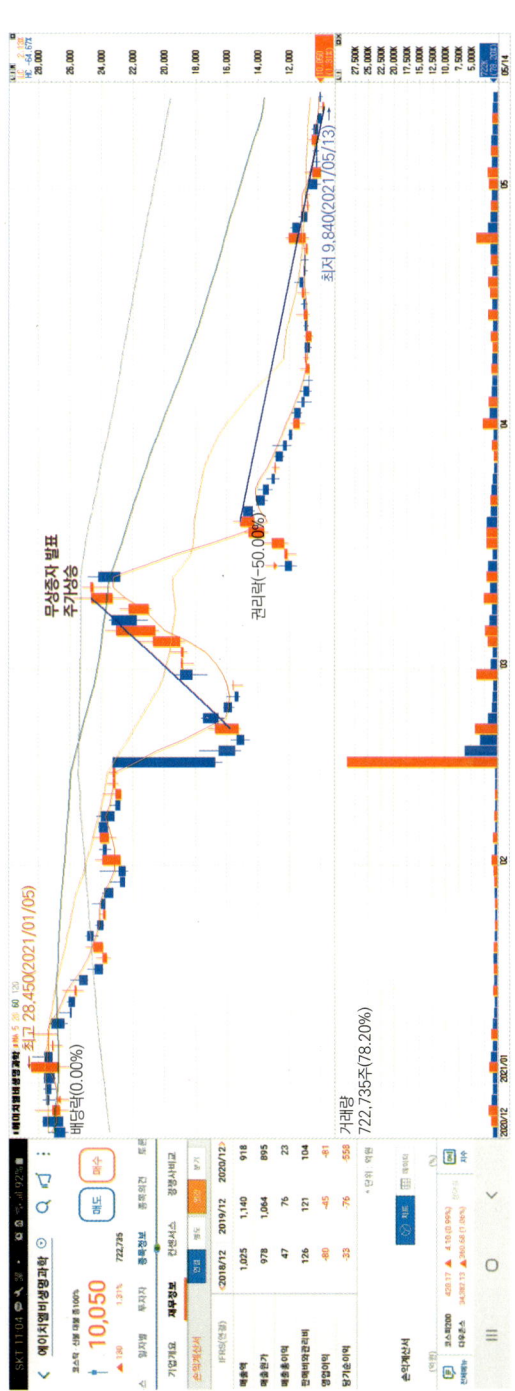

에이치엘비생명과학 :
무상증자발표 주가 급등 - 주가에 단기 호재로 단기호재로 작용영업이익 적자지속 부담으로 주가 추가 하락

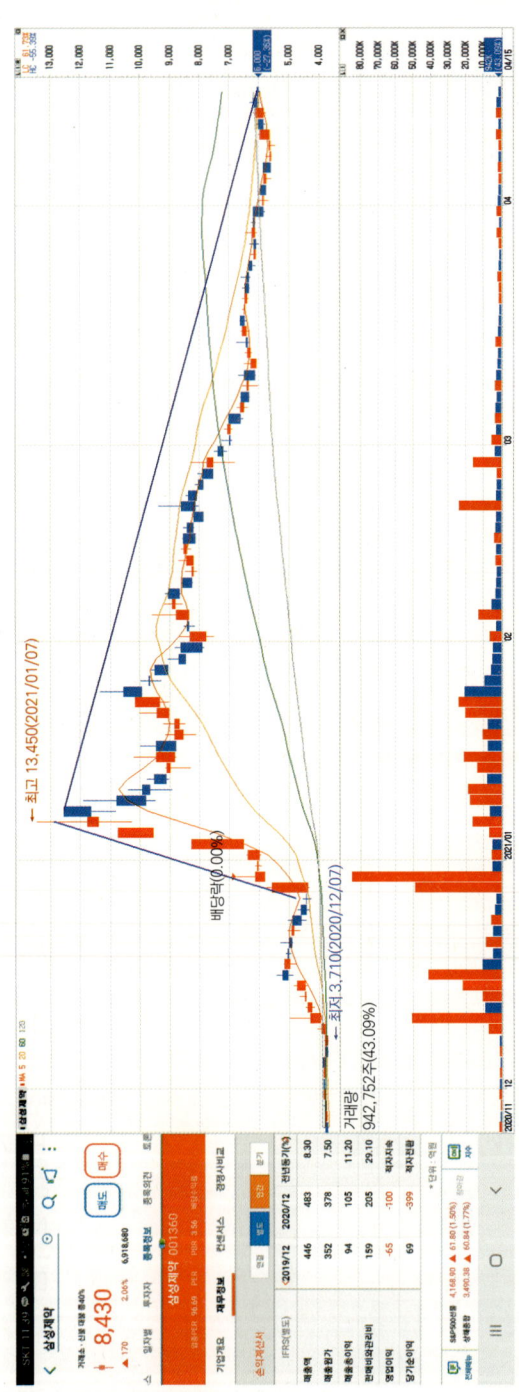

삼성제약 :
췌장암 치료제 임상 기대로 주가 급등 - 단기호재로 작용영업이익 적자지속 부담으로 주가 추가 하락

6. 주가는 실적을 바탕으로 상승하지만

주식시장에서
시장 예상보다 좋은 실적을 발표하는 종목 주가는 실적발표 후에 주가 하락하고, 시장 예상보다 저조한 실적발표한 종목 주가는 실적발표 후에 주가 상승하는 것을 보게 되는데

현재주가는
현재 실적을 반영하였다는 시각으로 본다면 좋은 실적을 발표한 종목 주식가격은 좋은 실적예상이 주식가격에 먼저 반영되었고, 지금보다 주식가격이 추가로 상승하기 위해서는 지금 좋은 실적 이상으로 더 좋은 실적전망이 있어야 합니다.

시장예상보다 저조한 실적을 발표한 주식가격이 상승하는 것은 지금 저조한 실적이 주가에 반영되었고 앞으로 지금보다 개선된 실적전망이 주가에 먼저 반영되면서 주가 상승을 만들게 됩니다.

> **배현철의 꿀팁**
> 실적발표 이후 주가 상승과 하락 방향을 확인하고 저조한 실적 발표한 종목 주가 상승시점에서 매수하세요

* LG디스플레이는
  중국경쟁업체 증가와 디스플레이 판매가격 하락 등으로 실적 악화가 지속되면서 2019년도 영업적자

  - 13.594억원을 기록하면서 주가 하락추세를 이어갔지만 202년3월 19일 8850까지 하락하면서

  2020년 1분기 영업적자가 -3,619억원을 기록하였지만 2020년도 하반기 흑자전환 전망으로 주가 상승을 시작하면서 2021년 2월 16일 에는 25,350원까지 상승하였습니다.

> **배현철의 꿀팁**
> 주가는 꿈을 먹고 성장한다
> - 꿈 깨진 주식 매수하지 말고 꿈이 있는 주식을 매수하세요!!

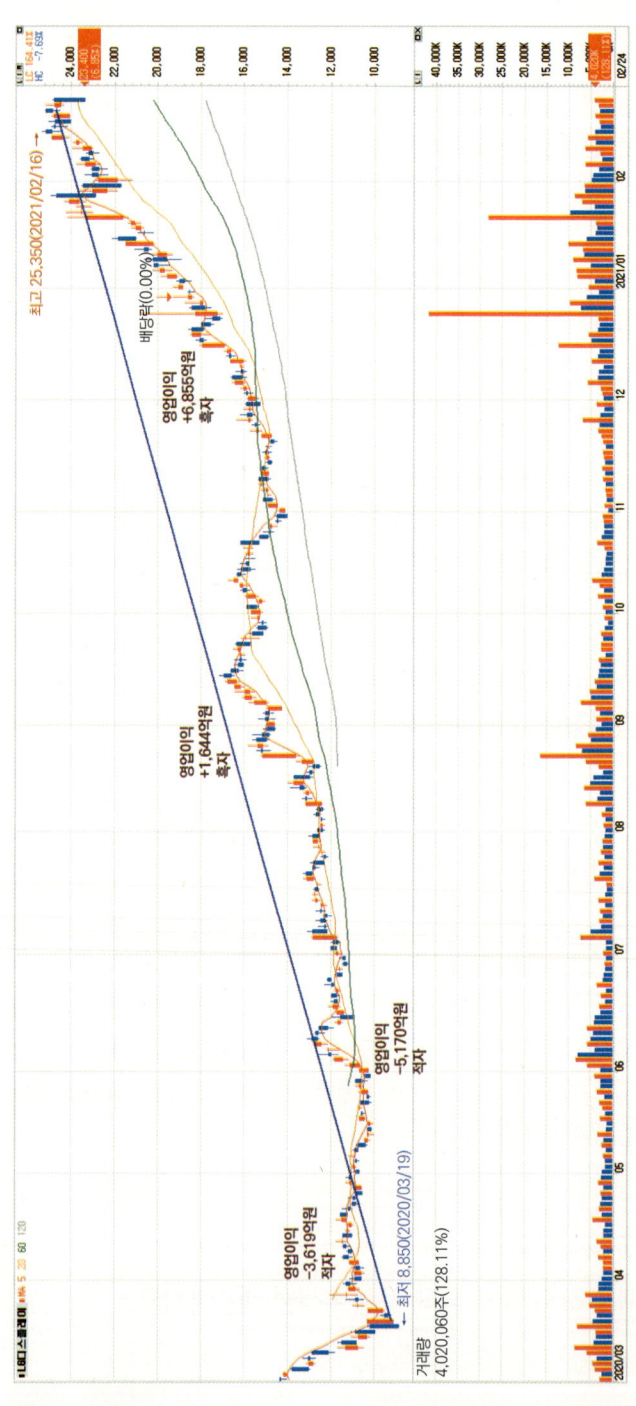

LG디스플레이:
적자지속으로 주가 하락 후에 흑자전환 기대로 주가 상승 시작

7. 소문에 사서 뉴스에 팔아라.

증권방송이나 인터넷 사이트에서 나오는 좋은 뉴스를 보고 새로운 주가상승 시점에서 개인투자자들 추격매수가 시작되는데, 주식가격은 재료를 선반영하기 때문에 시장 참여자들 모두가 알수 있도록 노출된 재료를 보고 주식매수를 하면 단기고점에 물릴 수 있습니다.

세계인의 영화축제

오스카상에 우리나라 영화가 수상후보로 등극하면서 2020년도에는 봉준호 감독의 기생충 영화 제작에 참여한 바른손이앤에이 주가는 2020년 2월 3일 1,860원을 시작으로 단기간에 급등하면서 아카데미 시상식에서 4관왕을 발표한 2020년 2월 14일을 고점으로 주가 하락추세로 전환하였습니다.

2021년도에는

미나리 영화에서 윤여정 배우가 오스카상 여우조연상 후보로 등극하면서 미나리 배급사인 판씨네마와 부가판권 계약을 맺고 있는 SM Life Design 주가는 2020년 12월 11일 1,930원을 시작으로 아카데미시상식 여우조연상 발표일 2021년 4월 23일을 고점으로 하락 추세로 전환하였습니다.

주식가격은

꿈을 먹고 상승합니다. 꿈이 지속되는 동안에는 주가 상승하지만 꿈이 실현되면〈꿈 깼다 하면〉더이상 주식가격을 상승시킬 수 있는 꿈이 없기 때문에 주가는 하락하게 됩니다.

- 개인투자자는
  시장에서 알려주는 뉴스를 따라 다니면서 주가 고점에서 매수하게 되는데⋯ 제발, 주식방송에서 알려주는 주식 추격매수 하지 마세요.

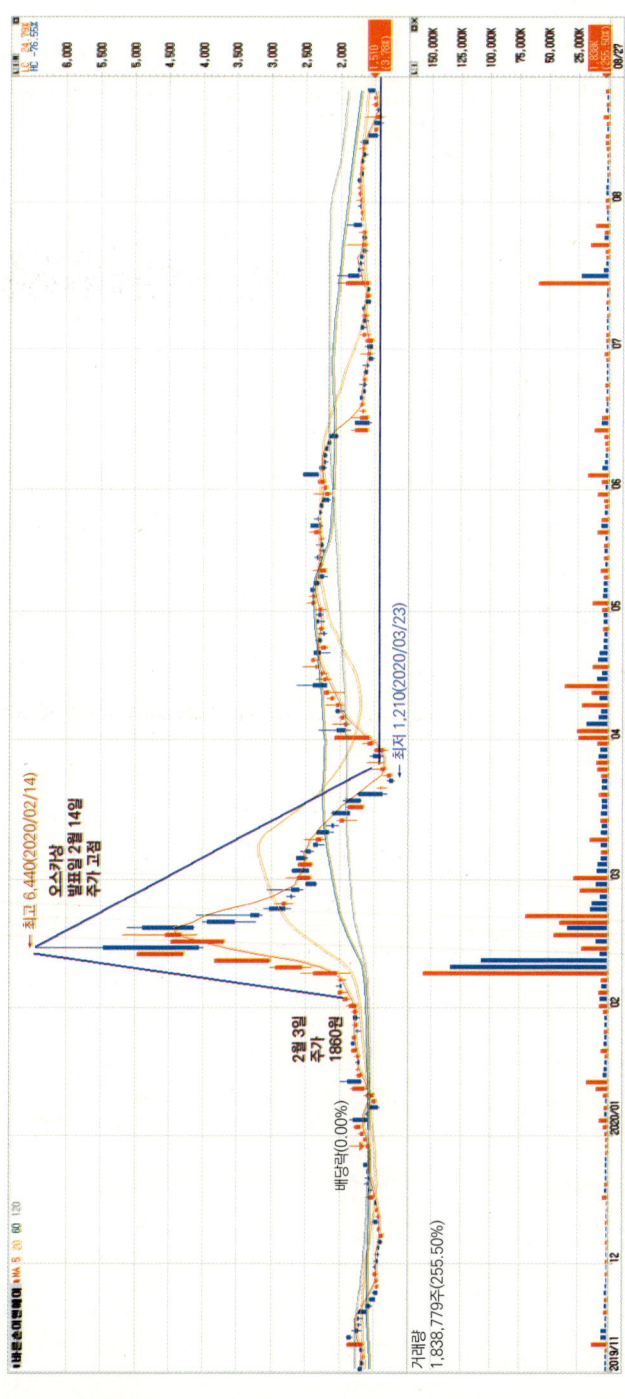

바른손이앤에이 :
2020년 2월 3일 1860원을 시작으로 단기 급등아카데미 4관왕을 발표한 2020년 2월 14일 고점

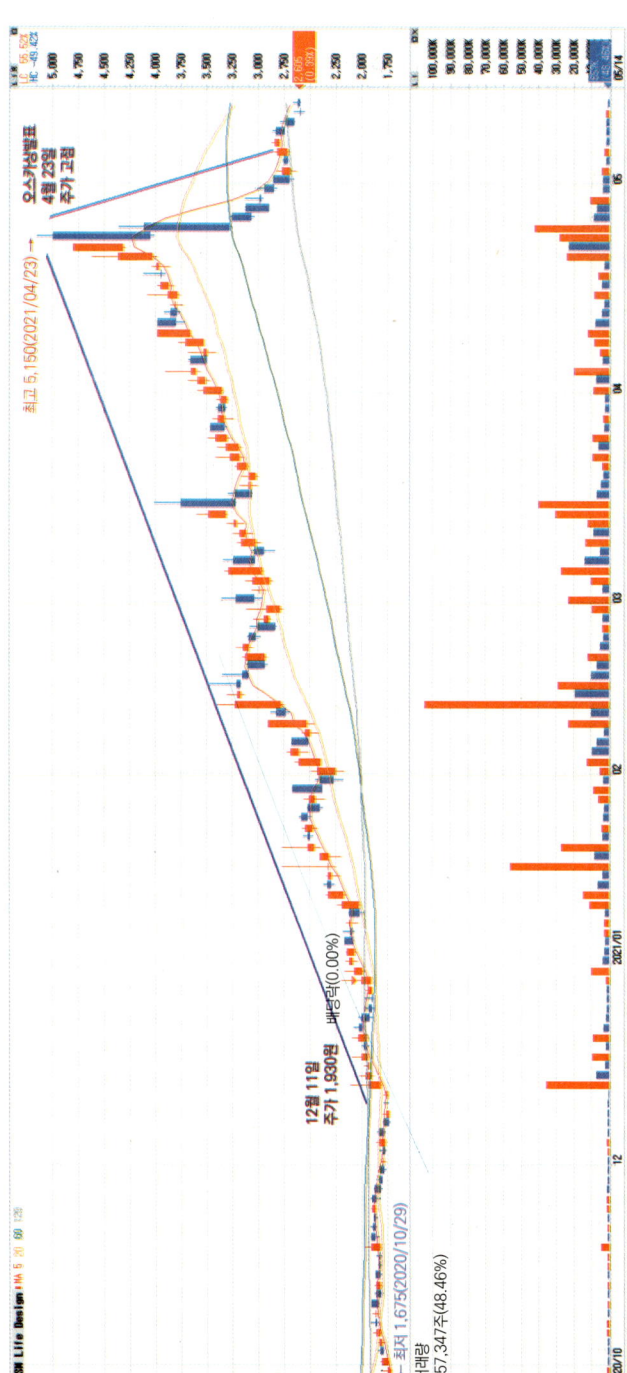

SM Life Design :

2020년 12월 11일 1930원을 시작으로 아카데미 예우조연상 발표일 2021년 4월 23일을 고점으로 하락

8. 재료는 나중에 나온다.

1) HB테크놀러지

삼성디스플레이, 중국의 BOE, 대만의 INNOLUX 등의 주거래처를 가지고 있는 LCD 및 AMOLED 검사장비업체 HB테크놀러지 주가는 2020년 11월 20일 1960원을 저점으로 실적개선 전망으로 상승 추세를 이어가다가 2021년 5월 12일 외국인 386,097주 매도와 기관투자자 2,659,603주 매도가 갑자기 증가하면서 주가 하루만에 20.08% 하락하였지만 인터넷이나 증권방송에서 악재 뉴스가 없다가 2021년 5월 14일 1분기 실적발표 영업적자 50.82억원 발생을 발표하였습니다.

개인투자자는

주가 상승하거나 하락하면 뭐 있어요 하면서 재료를 먼저 확인하려고 하는데… 주식가격은 재료보다는 수급이 우선한다는 생각으로 주가 급락하는 장대음봉이 발생하면 주식을 매도하고 재료는 나중에 찾아보는 기계적인 대응이 필요합니다.

경험적으로

알려지는 호재가 없이 주가 상승을 시작하면 생각보다 크게 상승하고 주가 상승을 만들었던 호재는 주식가격이 충분히 상승 후에 노출되고, 특별한 악재 없이 주가 하락폭을 확대하면 주식가격이 크게 하락후에 악재가 노출되는 것이 주식시장 특성입니다.

보유종목 중에

아무 이유 없이 장대음봉이 발생하는 하락이 나온다면 매수가격 생각하지 말고 주식매도 후에 뭐 있는지 재료를 확인하도록 하세요. 장대음봉으로 주가 급락하면 손실을 만회하는 데 오랜 시간이 걸립니다.

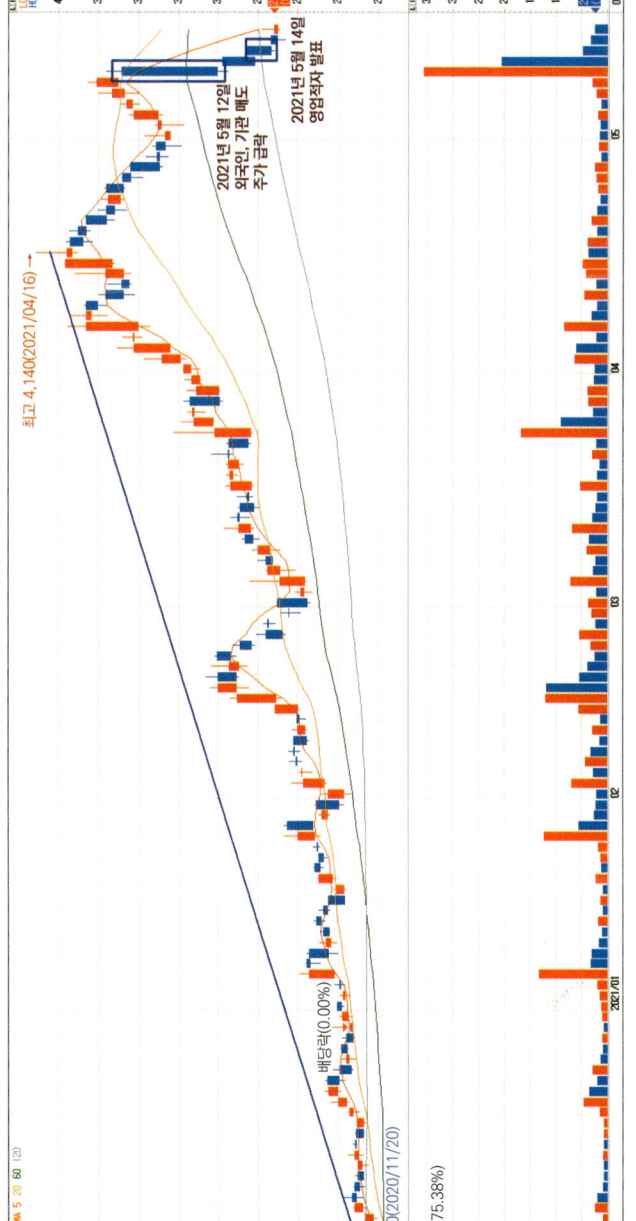

HB테크놀러지 :
실적개선 기대로 주가 상승추세중 2021년 5월 12일 장대음봉 주가 하락

HB테크놀러지 :

2021년 5월 11일까지 매수를 유지하던 외국인과 기관이 5월 12일 알려진 악재 없이 순매도 증가로 포지션 변경

HB테크놀러지, 당해사업연도 1분기 연결 영업손실 50.82억원

인포스탁   2021/05/14   15:26:26

제목 : HB테크놀러지, 당해사업연도 1분기 연결 영업손실 50.82억원

☞펀드매니저들이 받아보는 모바일 주식신문!매일2회 휴대폰으로 전송 (오전7시, 오후6시반)

HB테크놀러지는 분기보고서를 통해 당해사업연도 1분기 연결기준 영업손실이 50.82억원으로 전년대비 적자전환했다고 밝혔다.
같은 기간 매출액은 전년대비 18.80% 감소한 490.28억원, 순손실은 전년대비 적자전환한 24.37억원을 기록한 것으로 나타났다.

별도기준 매출액은 422.08억원으로 전년대비 21.89% 감소했다. 영업손실은 25.30억원으로 전년대비 적자전환했으며, 순이익은 2.28억원으로 전년대비 96.84% 감소했다.

구분		연결기준			별도기준		
		당해사업연도 1분기	지난사업연도 1분기	전년대비	당해사업연도 1분기	지난사업연도 1분기	전년대비
매출액	당해	490.28억원	603.84억원	-18.80%	422.08억원	540.39억원	-21.89%
	누적	490.28억원	603.84억원	-18.80%	422.08억원	540.39억원	-21.89%
영업이익	당해	-50.82억원	54.24억원	적자전환	-25.30억원	57.90억원	적자전환
	누적	-50.82억원	54.24억원	적자전환	-25.30억원		적자전환

HB테크놀러지 :

2021년 5월 14일 1분기 영업손실 50.82억원 발표
- 재료는 나중에 나옵니다.

9. 유상증자

1) 주주배정방식

2) 3자배정방식

3) 일반공모 방식 있는데

유상증자를 발표하면 유통주식수가 증가한다는 매매심리가 작용 하면서 단기 악재로 작용하지만 좋은 주식을 싸게 살 수 있는 기회가 되기도 합니다.

4) 주주배정 방식은

기업이 자금이 필요할 때 주주들에게 할인된 가격으로 주식을 발행하고 주식발행에 의해 자기자본을 확충시키는 방식이기 때문에 기업의 재무구조를 개선하고 부채금융에서 벗어나는 가장 기본적인 방법입니다.

회사에서는 높은 가격으로 신주 발행가격을 결정하고 싶기 때문에 증자기간 중에 주식이 상승하는 것으로 관리가 필요합니다.

대한해운이 2021년 3월 31일 주주배정방식 유상증자를 발표하는데 유상증자 기간에 주식흐름을 통해서 유상증자 종목 대응방법을 공부하겠습니다.

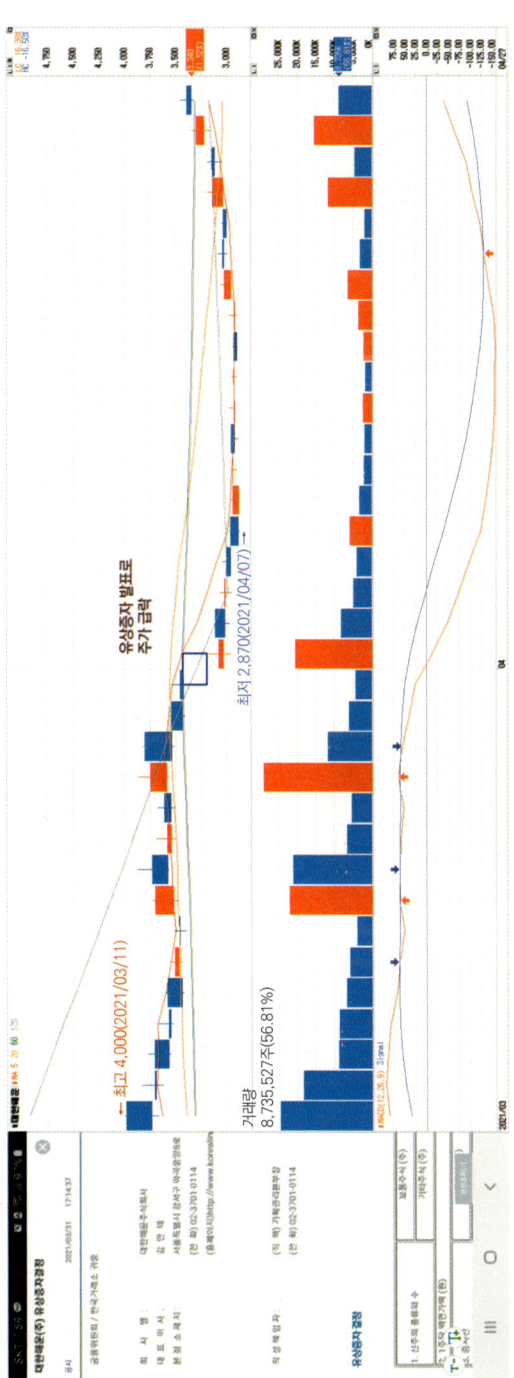

대한해운 :
2021년 3월 31일 1주당 0.254 배정 주주배정방식 유상증자 발표 2021년 4월 1일 주가 급락

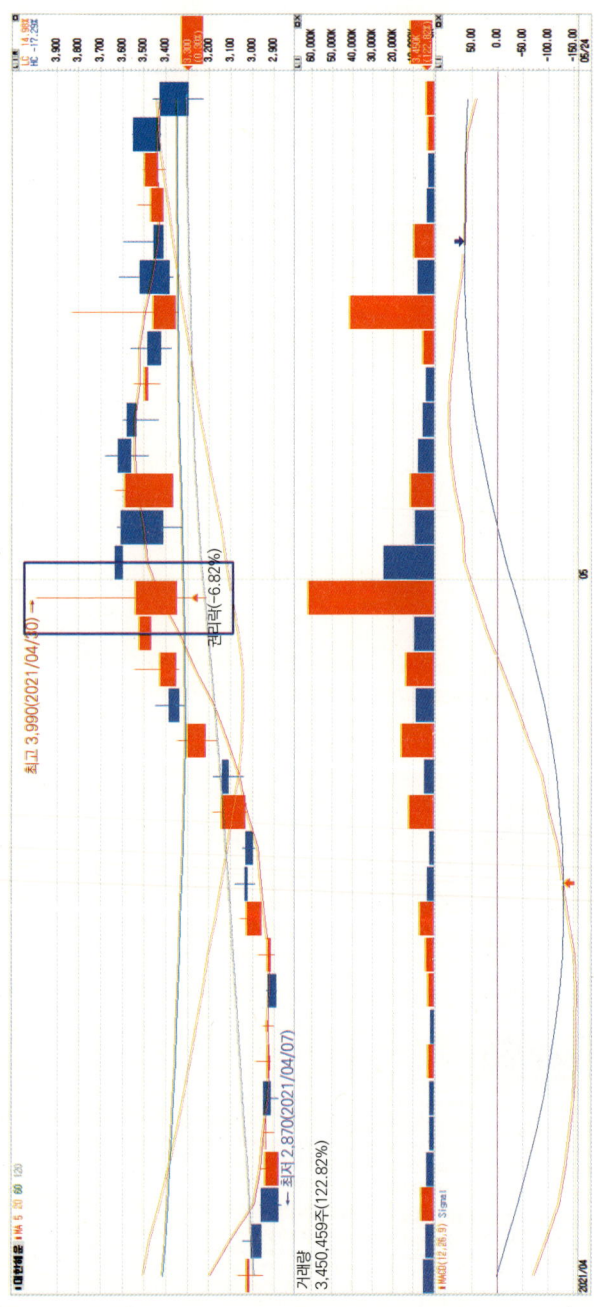

대한해운 :

2021년 4월 30일 권리락

- 신주배정 기준일 2021년 5월 3일이니까 거래일로 계산해서 신주배정기준일 1일전 권리락 효가로 주가 싸게 보이는 시점에서 저가매수가 유입되고 벌크선 운임지수(BDI)가 상승세보도로 주가 장중급등
- 회사에서는 유상증자가 성공하기 위해서는 주가 하락을 원하지 않습니다.

234 · 주식 교과서

대한해운(주) 신주인수권증서 신규상장

공시   2021/05/18   17:17:56

◎ 대한해운(주) 신주인수권증서 신규상장

1. 상장종목 : 대한해운 26R 신주인수권증서
2. 상장일 : 2021-05-24
3. 상장폐지일 : 2021-05-31
4. 신주인수권 증서의 수 : 59,857,690증서
5. 목적주권 주식의 종류 : 기명식 대한해운보통주
6. 목적주권 1주의 (예정)발행가액 : 2,490원
7. 목적주권 청약개시일 : 2021-06-08
8. 목적주권 청약종료일 : 2021-06-09
9. 코드
   - 표준코드 : KRA0058801B2(단축코드 J0058801B)

신규인수권증사 신규상장
- 유상증자를 참여할 수 있는 권리가 있는 신주인수권 증서

1. 2021년 4월 30일 까지 주식을 보유한 주주는 유상증자에 참여할 수 있는 권리가 있는 신규 수권 증서가 2021년 5월 24일 거래하는 증권회사 계좌로 입고 되어서 매매를 할 수 있습니다.

2. 신주인수권 증서는 상장일 5월 24일부터 상장폐지일 5월 31일까지 주식계좌로 매매를 할 수 있습니다.

3. 신주인수권 매매기간 중에 신주인수권을 매도하면 유상증자에 참여할 수 없고 신주인수권을 매수하면 보유수량만큼 유상증자에 참여할 수 있습니다.

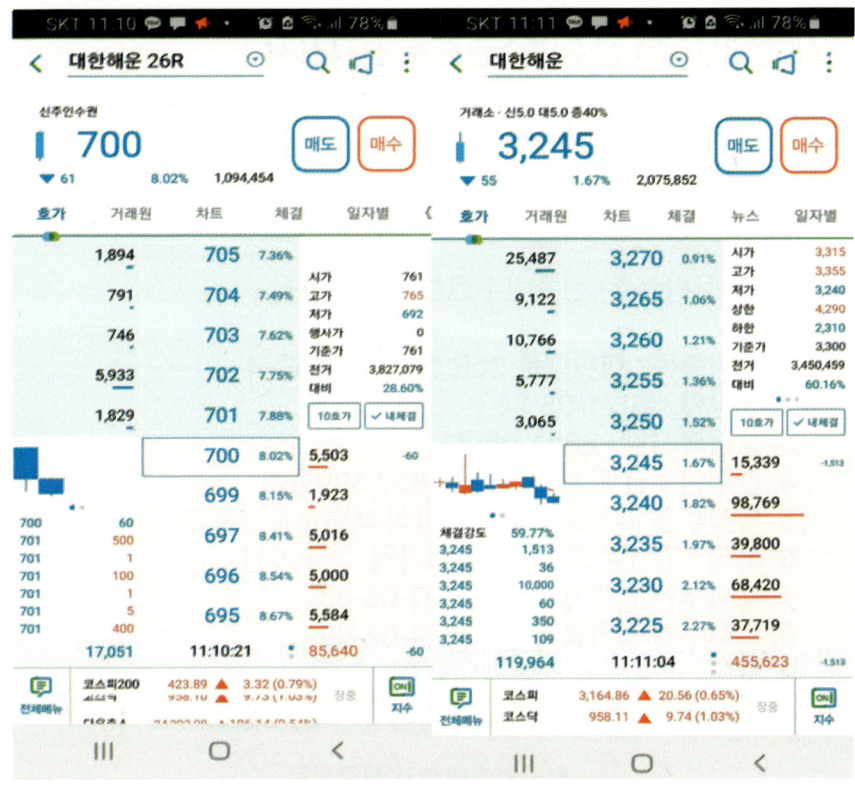

신주인수권 매매-2021년 5월 25일 현재

1) 유상증자 신주 발행가격 : 2,490원
2) 신주인수권 가격 : 700원
3) 대한해운 현재 주식가격 : 3,245원
4) 현재주식가격 3,245원 - 신주발행가격 2,490원 - 신주인수권 가격 700원
   = 5원 - 신주인수권 가격은 현재주가와 연동해서 변동 합니다.

10. 주식매매는 공포를 매수하는 것 입니다.

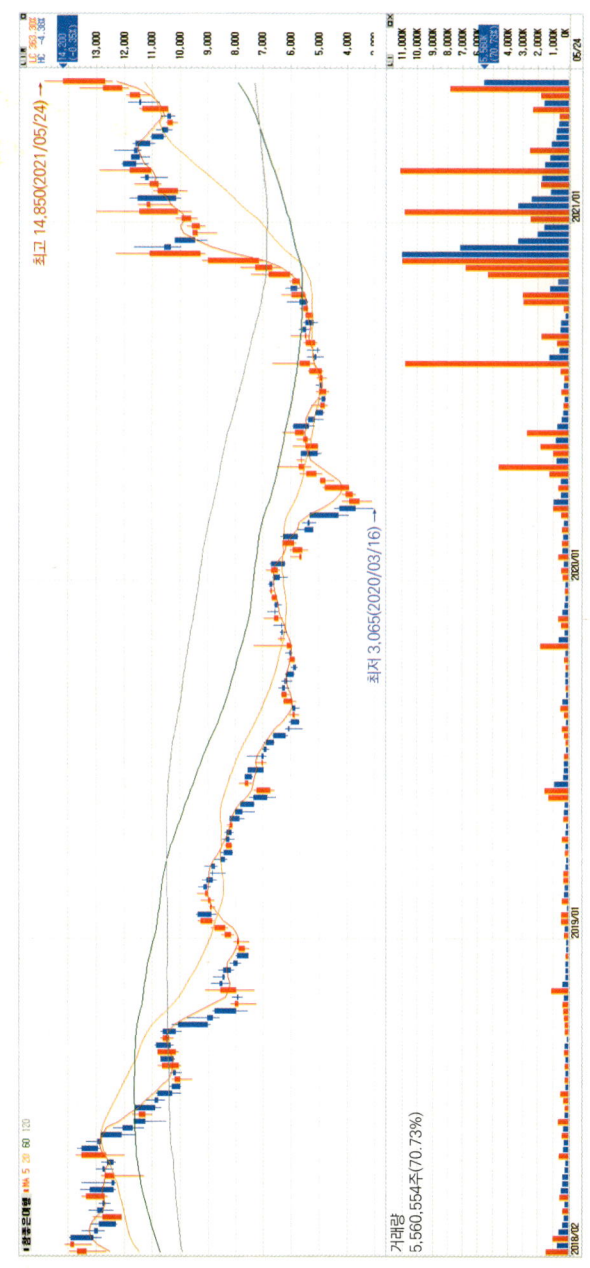

2020년 코로나19 발생으로 여행업종, 항공주, 카지노, 면세점 주가 급락
2021년 1월 코로나19 백신 개발로 여행인구 증가 전망으로 주가 상승
실적개선 전망 나오는 시점에서는 주식가격은 이미 일정 부분 주식가격 상승하였습니다.

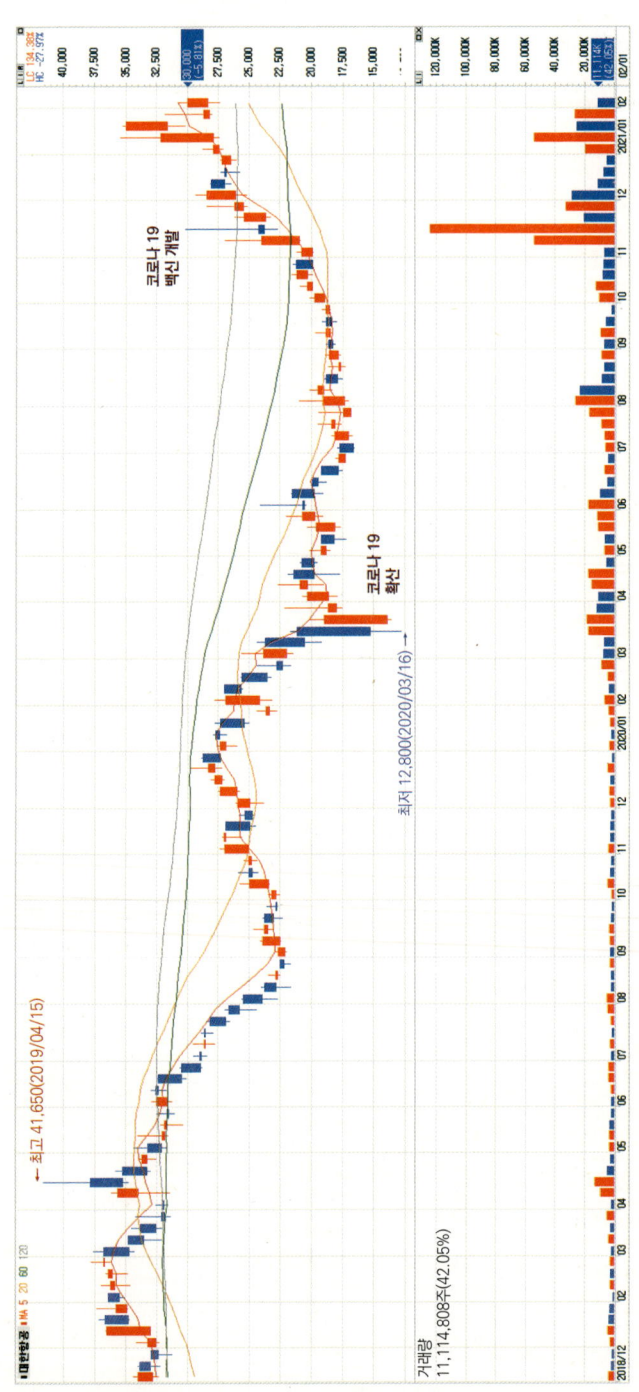

대한항공 코로나19 확산으로 2020년 3월 16일 주식가격 12800원으로 하락
2021년 1월 코로나19 백신 개발 보급 소식으로 주가 상승 전환
- 주식가격은 미래의 성장성 실적을 선반영 (미리반영) 합니다.

호텔신라 코로나19 확산으로 2020년 3월 16일 주식가격 최저가 60700원 기록
코로나19 백신 개발 보급으로 주가 상승 추세

주식매매를 처음 시작하는 개인투자자를 위한 내용을 정리하면서 나 자신도 주식시장에서 지나온 시간을 되돌아 보면서 공부도 많이 했습니다.

증권회사에 근무하는 동안 나를 믿고 재산을 위탁하고 같이 매매를 할 수 있게 도와주신 고객 여러분에게 진심으로 감사를 드립니다.

주식매매는 심리게임이기 때문에 실제 돈이 안 들어가는 모의투자에서는 수익을 많이 올리는 사람도 돈을 주고 매매를 시키면 수익을 얻지 못하는 것이 주식매매입니다.

증권회사 지점장으로 퇴사하기까지 고객 돈으로 누구보다 실전 매매 경험을 많이 하면서 주식의 속성과 주식시장 시스템을 몸으로 경험할 수 있었던 것이 오늘의 나를 만들었고 그 경험을 모아서 〈주식교과서〉를 집필하였습니다.

수많은 주식책이 있지만 지나간 시절 자기자랑하면서 돈 벌었다고 자랑하는 내용이 대부분입니다. 부러워하지 말고 〈주식교과서〉 공부해서 주식으로 부~ 자 되세요.

주식시장은 1+1=2 가 되는 합리적인 시장이 아닙니다.
동일한 재료를 가지고도 어느날은 호재가 됐다가 어느날은 악재로 반응하면서

···맺음말

그때 그때 다르게 나타나는 것이 우리가 주식으로 부자가 되는 기회입니다.

나는 수십 년을 주식시장에 있으면서 주식만 생각하고 주식종목 분석만 생각하면서 살았지만 서울에 빌딩을 사지 못했습니다.

그만큼 주식매매가 어려운 건데 수많은 증권방송에서 영혼없이 떠드는 방송 보면서 공짜로 종목 받아서 주식으로 수익을 얻겠다는 생각하는 사람은 지금이라도 주식하지 마세요.

우리투자증권 지점장하면서 증권방송에서 방송 잘~ 하는 사람들 직원으로 채용해서 고객관리를 시켰는데, 6개월 만에 집에 보냈습니다. 주식매매는 입으로 하는 것이 아닙니다.

증권방송 몇 년씩 보면서 주식 공부한다고 생각하는데, 증권방송 오래 보면 머리가 복잡해지고 입만 발전합니다.

종목에 대해서 여러가지 재료를 얘기하지만 정확하게 알지 못하고 겉만 맴돌게 됩니다.

증권방송 보면서 주식 공부한다고 생각하면 안돼요~

주식으로 수익을 얻을 수 있는 방법은 수도 없이 많고 주식시장에서 매매 할 수 있는 종목 수도 많지만 모든것을 다 할 수는 없으니까 자기자신에게 맞는 종목 20개 이내로 선택과 집중해서 평생 주식매매하세요.

20개 종목을 2~3년 분석하고 관심을 가지고 있으면 그 종목이 움직이는 재료나 차트 모양이 보입니다.

주식교과서로 공부하신 개인투자자들이 부~자 되는 그날 여러분 모두 브라보~~ 브라보!! 하는 꿈 꾸면서

우리회사 이름은 브라보 스탁 (www.bravostock.com)입니다.